projets de
vitrail

MODUS VIVENDI

projets de
vitrail

Vicki Payne

25 super projets
en un tour de main !

MODUS VIVENDI

© 2002 Prolific Impressions, Inc.
Paru sous le titre original de : Stained Glass in an Afternoon

LES PUBLICATIONS MODUS VIVENDI INC.
3859, autoroute des Laurentides
Laval (Québec)
Canada
H7L 3H7

Design de la couverture : Marc Alain
Infographie : Modus Vivendi
Photographie : Jerry Mucklow, Pat Molnar
Traduction : Jean-Robert Saucyer

Dépôt légal : 3e trimestre 2003
Bibliothèque nationale du Québec
Bibliothèque nationale du Canada
Bibliothèque nationale de Paris

ISBN : 2-89523-211-3

Nous reconnaissons l'aide financière du gouvernement du Canada par l'entremise du Programme d'aide au développement de l'industrie de l'édition (PADIÉ) pour nos activités d'édition.

Gouvernement du Québec — Programme de crédit d'impôt pour l'édition de livres — Gestion SODEC

Nous nous sommes efforcés de présenter des renseignements d'une grande précision. Étant donné que nous n'exerçons aucun contrôle sur les conditions physiques, l'adresse des individus, les outils ou les produits choisis, l'éditeur se dégage de toute responsabilité relative aux blessures, pertes, résultats importuns et tout autre dommage qui pourraient découler de l'utilisation qui serait faite des renseignements contenus dans cet ouvrage. Veuillez lire attentivement le mode d'emploi de tous les produits intervenant dans la fabrication des objets présentés dans cet ouvrage, en prêtant une attention particulière aux mises en garde et avertissements paraissant sur les conditionnements pour vous assurer une utilisation adéquate et sans risque.

Remerciements :

L'auteure souhaite remercier les sociétés suivantes pour leur généreuse contribution en matériel et outils qui ont servi à la fabrication des objets présentés dans cet ouvrage.

Cascade Lead Products
1614, 75e Avenue Ouest
Vancouver (Colombie-Britannique) V6P 6G2

Cooper Tools/Weller
C.P. 728
Apex (Caroline du Nord) 27502
www.coppertools.com

Vic's Crafts
8349-K, boul. Arrowbridge
Charlotte (Caroline du Nord) 28273
www.foryourhome.com

Glastar Corporation
www.glastar.com

Plaid Enterprises, Inc.
www.plaidonline.com

Glass Accessories International

Toyo Glass Cutters

À propos de Vicki Payne

Vicki Payne est un gourou en matière de décoration résidentielle et d'artisanat. À titre de présidente directrice générale de Cutters Productions, elle produit les émissions de télévision *Glass with Vicki Payne*, *Paint! Paint! Paint!* et *For Your Home* qu'elle coanime avec sa fille Sloan. Ces émissions hebdomadaires de 30 minutes sont diffusées par plus de 160 télévisions publiques aux États-Unis et sur la chaîne GoodLife TV. En plus d'animer ses propres émissions, Mᵐᵉ Payne anime *D.I.Y. Crafts* au réseau HGTV. On l'invite régulièrement à des émissions portant sur la rénovation domiciliaire et l'artisanat telles que *The Carol Duvall Show*, *Home Matters*, *Kitty Bartholomew : Your Home* et *Decorating with Style*.

Elle a également produit des guides pratiques sur support vidéo, établi *The Glass Extravaganza*, une foire commerciale axée sur le verre décoratif. Elle signe des articles dans les magazines spécialisés et agit à titre d'experte-conseil auprès de fabricants de produits d'artisanat. Elle tire sa réussite du fait qu'elle sait partager sa passion et ses talents.

Membre de la *Art Glass Suppliers Association, Hobby International Association, Association of Creative Cafts, Designers Association* et de la *Society of Designers*, elle a siégé au conseil d'administration de la *Art Suppliers Association* et a occupé la présidence du *Manufacturers' Committee* de cette même association.

TABLE DES MATIÈRES

INTRO AU VITRAIL

Qui n'a pas admiré la beauté d'un vitrail et ne s'est pas émerveillé devant le reflet des couleurs, la richesse des textures et l'éclat du verre serti dans une dentelle de plomb? Mais vous croyez probablement n'être pas en mesure de réaliser une mosaïque de verre et de maîtriser une technique qui semble difficile et hors d'atteinte. Eh bien, détrompez-vous!

Dans cet ouvrage, la verrière Vicki Payne démystifie les techniques élémentaires du vitrail serti de ruban métallique et de la mosaïque de verre, et vous propose plus de vingt-cinq projets que vous pourrez réaliser en un après-midi.

Vous apprendrez en premier lieu à choisir le matériel et les outils nécessaires. Par la suite, Mme Payne vous montrera, une étape à la fois, combien il est facile de préparer un projet, de tailler les morceaux de verre, de les assembler, de les border de métal, de les souder, de les encadrer et d'y mettre la dernière touche. Vous saurez tout ce qu'il faut pour mener à terme vos propres projets.

Cet ouvrage présente les directives et les modèles afin de fabriquer des panneaux de verre décoratifs, des encoignures de fenêtre, des accessoires de décoration tels que des cadres et des chandeliers, et de jolies cloches de jardin afin de protéger vos jeunes plants. Mme Payne vous livrera ses trucs et méthodes infaillibles en vue d'assembler d'attrayants coffrets et de réaliser de superbes mosaïques de verre qui agrémenteront votre intérieur et votre jardin.

Relaxez-vous en vous amusant! Là réside tout l'art de la verrerie décorative.

MATÉRIEL DE DÉPART

Verre coloré

On trouve deux grands types de verre coloré servant à réaliser les vitraux : le verre opalescent et le verre cathédrale. Le verre opalescent n'est pas transparent alors que le verre cathédrale l'est. Le verre se présente sous toutes les couleurs et toutes les textures, qu'il soit opalescent ou cathédrale, la différence résidant dans sa densité. Ainsi, on trouve du verre cathédrale transparent, mais texturé.

On vend le verre au mètre carré ou au kilo. Un mètre carré de verre fait un mètre sur un mètre. Si on achète du verre au kilo, on obtient en général 750 grammes au mètre carré. En règle générale, il est préférable de se procurer 25 pour cent de plus de verre que ce qu'un projet exige car on risque d'en employer plus qu'on ne croit. Il est toujours triste de retourner chez un fournisseur dans l'intention d'acheter davantage de verre et d'apprendre qu'il est en rupture de stock et qu'il faut patienter jusqu'à la prochaine livraison. Il vaut mieux s'en procurer plus que moins et conserver le reste en vue de projets éventuels.

Lorsqu'on choisit du verre de couleur, la règle d'or veut que l'on s'en tienne à ses couleurs préférées. Si on aime le rose, on se procure du verre rose. Si on craque pour le jonquille, on achète du jonquille. Ainsi, les couleurs proposées dans ce livre peuvent être remplacées par d'autres qui ont votre préférence ou qui s'harmoniseront à votre intérieur.

TYPES ET TEXTURES

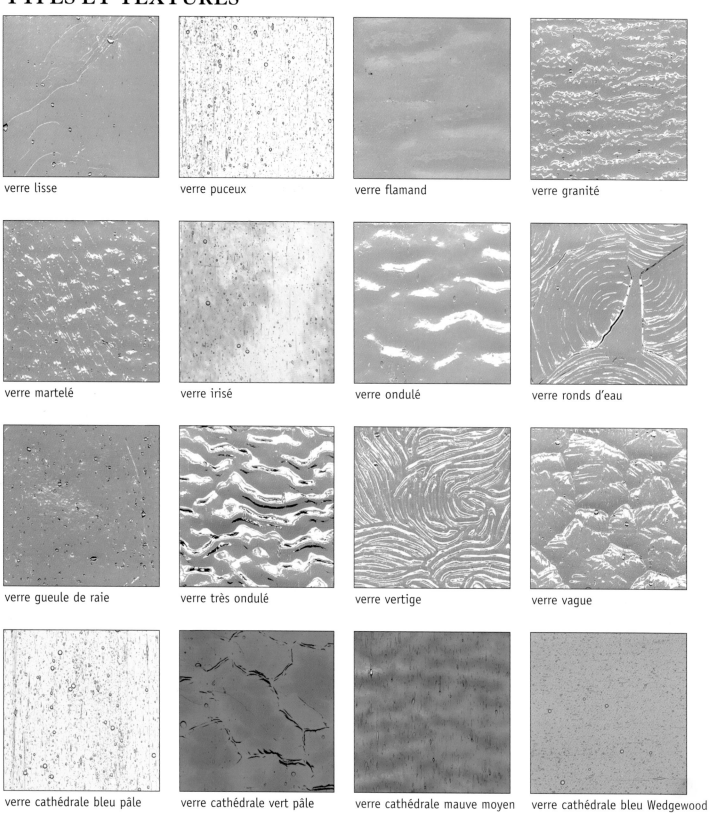

verre lisse

verre puceux

verre flamand

verre granité

verre martelé

verre irisé

verre ondulé

verre ronds d'eau

verre gueule de raie

verre très ondulé

verre vertige

verre vague

verre cathédrale bleu pâle

verre cathédrale vert pâle

verre cathédrale mauve moyen

verre cathédrale bleu Wedgewood

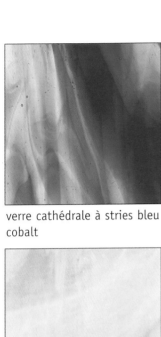

verre cathédrale à stries bleu cobalt

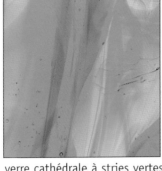

verre cathédrale à stries vertes

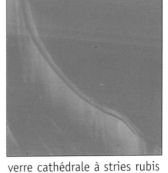

verre cathédrale à stries rubis

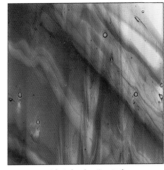

verre cathédrale à stries marron

verre opalescent pâle

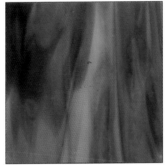

verre opalescent limette et vert foncé

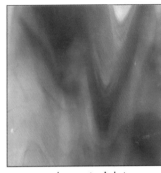

verre opalescent canari

verre opalescent violet

verre opalescent rouge

verre opalescent bleu ciel

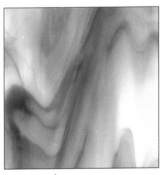

verre opalescent marron

verre opalescent vert et rubis

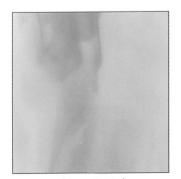

verre opalescent pêche

verre opalescent ambre

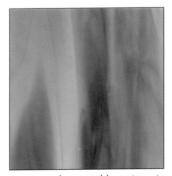

verre opalescent bleu et vert

verre opalescent bleu moyen et bleu roi

Outils servant à tailler le verre

On emploie un coupe-verre afin de tracer un trait de coupe à la surface du verre. La molette d'acier ou le diamant du coupe-verre grave une entaille sur le verre, de sorte qu'on puisse ensuite le rompre d'un coup sec.

La fraise au carbure

Afin de tailler le verre, vous emploierez le plus souvent une fraise au carbure. Cet outil est proposé en une gamme de modèles dotés de différents manches et leurs prix oscillent entre quelques dollars et vingt dollars. Il faut cependant lubrifier les molettes d'acier avec de l'huile; aussi, a-t-on avantage à se procurer un coupe-verre qui se lubrifie à mesure que tourne la molette. De nos jours, la plupart des coupe-verre se lubrifient automatiquement.

La machine à couper en bandes

Il s'agit d'un appareil avec lequel on peut tailler des bandes de verre de la largeur souhaitée. On l'emploie pour tailler des bandes bien droites, parallèles et uniformes en grande quantité. Cette machine est particulièrement utile pour la fabrication des coffrets.

La machine à couper en bandes et en cercles

Il s'agit d'un appareil avec lequel on peut tailler des bandes et des cercles de verre de la taille de son choix.

L'huile de lubrification

L'huile de lubrification est nécessaire afin de protéger la molette d'acier et de prolonger la durée d'utilisation d'un coupe-verre. De plus, on rompra plus facilement un trait de coupe réalisé avec une molette d'acier lubrifiée.

Il suffit d'emplir d'huile la cavité d'un coupe-verre qui se lubrifie automatiquement. Si votre coupe-verre ne se lubrifie pas de la sorte, vous devez asperger un linge d'huile et passer la molette d'acier sur le linge imbibé entre chaque trait de coupe.

Vous pouvez vous procurer de l'huile du commerce ou la préparer vous-même. Pour ma part, je mélange en égale quantité de l'huile de graissage et du pétrole lampant.

De haut en bas, à droite: coupe-verre à poignée revolver, coupe-verre Thompson, coupe-verre facile à saisir et coupe-verre en laiton; à gauche: machine à couper en bandes.

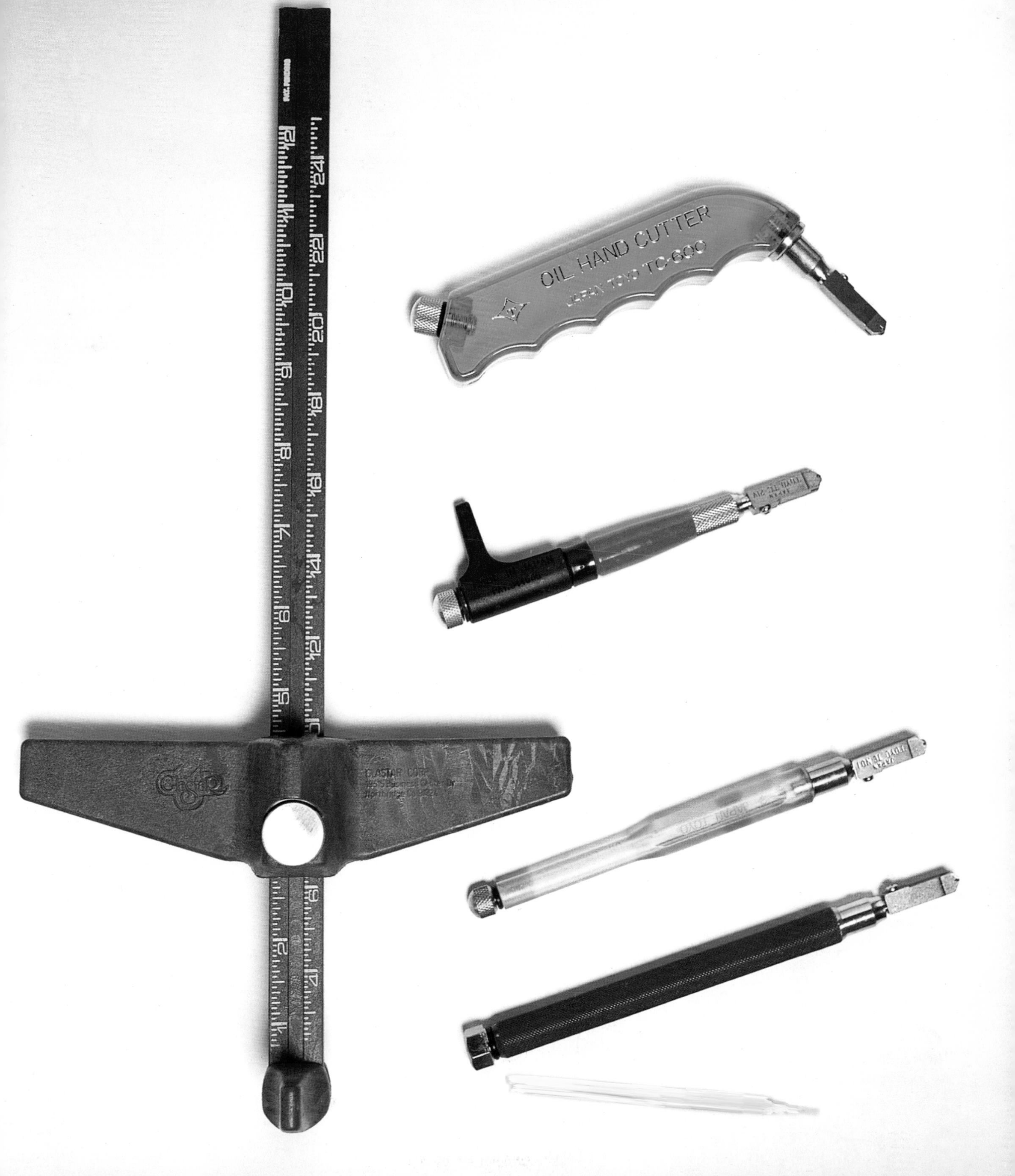
OIL HAND CUTTER
JAPAN TOYO TC-600
GLASTAR CORP.

Outils servant à briser le verre

Les outils servant à briser le verre agissent comme des organes de préhension pour vous permettre de saisir et de rompre le verre.

Pinces à mâchoires courbes

Les pinces à mâchoires courbes sont dotées d'une arête inférieure en relief. Employez-les plutôt que vos mains pour rompre le verre le long du trait de coupe. Un trait gravé sur la mâchoire supérieure permet de positionner les pinces sur le trait de coupe. Ne les employez que pour rompre des traits droits ou des courbes extérieures. Jamais pour des courbes intérieures.

Pinces à mâchoires plates

L'intérieur des mâchoires de ces pinces est plat. Lorsque vous devez saisir un morceau de verre afin de le rompre et que vous ne pouvez employer les deux mains, servez-vous de ces pinces. Placez l'arête des pinces en parallèle avec le trait de coupe.

Pinces à mâchoires dentées

Les pinces à mâchoires dentées servent à dégager les bouts indésirables qui restent après que l'on a rompu un morceau de verre le long du trait de coupe.

Pinces universelles

Les pinces universelles sont dotées d'une mâchoire plate et d'une mâchoire courbe. Les deux mâchoires sont toutefois dentelées. Ces pinces servent à briser et à rompre le verre. Employez la mâchoire courbe pour rompre et la mâchoire plate pour briser le verre.

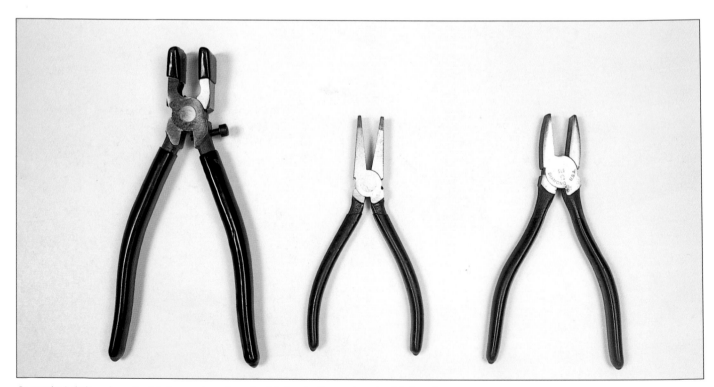

De gauche à droite: pinces à mâchoires courbes, pinces à mâchoires dentées et pinces à mâchoires plates.

Trousse de protection

Lunettes de protection

Portez toujours des lunettes de protection, des lunettes à coquilles ou un écran facial lorsque vous taillez et coupez du verre afin de protéger vos yeux contre les éclats et les fragments de verre, de même que les étincelles qui peuvent jaillir du fer à souder.

Masque facial

Lorsque vous procédez au soudage, munissez-vous d'un masque facial conçu expressément pour protéger contre les émanations. On en trouve dans les boutiques de matériel de vitrail et les quincailleries. Veillez toujours à ce que votre atelier soit bien aéré lorsque vous faites du soudage.

Matériel servant au lissage du verre

Ce matériel sert à lisser les bords du verre avant d'y appliquer le ruban de cuivre et à rectifier les imperfections du tracé d'un morceau afin qu'il s'ajuste parfaitement aux autres éléments d'un objet.

Meuleuses pour les bords de verre

Cet appareil électrique comporte une bande abrasive et un plateau servant à recueillir de l'eau. Une éponge humide injecte de l'eau en direction de la bande abrasive pour qu'elle soit mouillée au moment du meulage. L'eau retient la poussière de verre et empêche une surchauffe qui provoquerait une fracture du matériau.

Cet appareil permet d'aplanir les aspérités sur les pourtours des morceaux de verre de la façon la plus rapide et la plus efficace qui soit. Son prix oscille entre 70$ et 150$. Votre fournisseur de verre en fait peut-être la location. Portez toujours des lunettes de protection lorsque vous employez cet appareil et observez le mode d'emploi du fabricant.

Toile d'émeri et pierre carborundum

Vous pouvez également poncer les pourtours des morceaux de verre à l'aide d'une toile d'émeri ou d'une pierre carborundum. Sachez qu'il s'agit d'une technique qui exige du temps et de la patience mais qui coûte moins cher qu'une meuleuse.

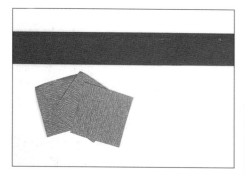

De haut en bas: pierre carborundum, toile d'émeri.

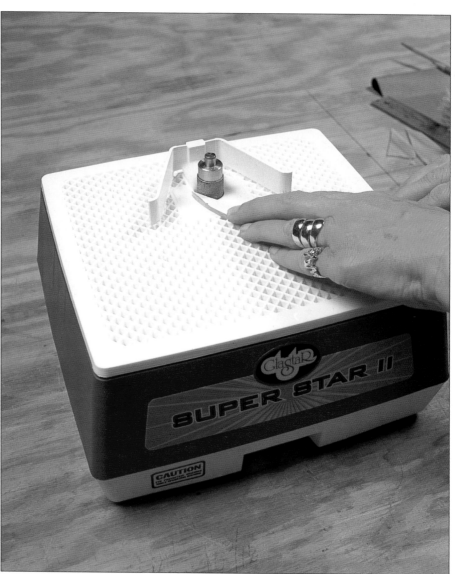

Meuleuse

Matériel servant à réaliser des modèles

Je conseille aux débutants de fourbir leurs armes en s'appuyant sur des modèles conçus expressément pour le vitrail. Lorsqu'on a acquis de l'expérience, on peut dessiner ses propres modèles. Employez le matériel qui suit afin de réaliser des modèles qui serviront à la coupe des morceaux de verre et à leur assemblage.

Papier pour modèles

J'aime réaliser mes modèles avec du papier à lettres blanc plutôt que du papier brun car on y voit mieux les couleurs des crayons. (Je colorie les surfaces du modèle pour m'assurer que les couleurs sont bien assorties.) De plus, on voit mieux à travers le papier blanc si on travaille sur une table lumineuse afin de reporter les modèles sur le verre.

Papier à décalquer

Reproduisez les modèles présentés dans cet ouvrage à l'aide d'un crayon et de papier à décalquer. On en trouve dans les boutiques de matériel d'artiste.

Papier à report

Le dessin tracé sur le papier à report est facilement reporté sur le papier pour modèles. On peut également se servir d'un photocopieur mais il faut savoir que cet appareil peut déformer un modèle, en particulier s'il occupe une imposante superficie.

Crayons de couleurs

Vous aurez plus de facilité à tailler les morceaux de verre si vous prenez d'abord le temps de colorier votre modèle à l'aide de crayons de couleurs. Ainsi, vous créerez un modèle qui vous sera particulièrement utile quand viendra le moment de tailler vos gabarits.

Règle

La règle de métal est l'instrument dont vous aurez le plus besoin. Je vous conseille une règle de 45 cm. Assurez-vous qu'elle est étalonnée d'une extrémité à l'autre et qu'elle.a un revers de liège. Ainsi, elle ne glissera pas lorsque vous dessinerez et que vous taillerez le verre.

Ciseaux pour modèles

Un vitrail réunit plusieurs morceaux de verre retenus par un liseré de plomb ou une brasure. Ce métal occupe un espace entre les morceaux de verre. Les ciseaux pour modèles ont ceci de particulier que leurs lames (ils en comptent trois) retranchent une fine ligne de papier des modèles que l'on découpe, de manière à prévoir l'espace réservé à la brasure.

Exercez-vous sur du vieux papier avant de découper les modèles qui serviront à fabriquer vos gabarits.

Colle caoutchouc

Employez de la colle caoutchouc ou un fixatif afin de maintenir les modèles sur le verre que vous découperez et rognerez. L'une et l'autre se détacheront facilement du verre après coup.

Ruban masque

Il vous faudra également du ruban masque afin d'assujettir votre modèle sur le plan de travail et pour retenir les morceaux de verre des abat-jour et des coffrets avant de les souder.

Marqueurs

Afin de tracer vos patrons sur le verre, employez des marqueurs délébiles. Faites l'essai des feutres marqueurs sur des rebuts de verre. Vous pourriez également employer un marqueur gras pour le verre, conçu précisément à cette fin. On en trouve de toutes les couleurs dans les boutiques de matériel d'artiste.

Autres fournitures

Vous pourriez ranger vos découpages et vos modèles dans une boîte à chaussures pour ne rien égarer. Si vous égarez un morceau d'un modèle en cours de réalisation, vous pourrez toujours le décalquer à partir d'un modèle non découpé.

De gauche à droite, dans le sens des aiguilles d'une montre: papier pour modèles, papier à décalquer, ciseaux, crayon, ruban masque, colle caoutchouc, papier à report, règle.

Matériel de soudage

Afin de réaliser des panneaux, des fenêtres et des objets tels que des abat-jour et des coffrets en vitre, on entoure les morceaux de verre de ruban métallique et on les soude.

Ruban métallique

La plupart des projets réunis dans cet ouvrage requièrent du ruban métallique dont on entoure chacun des morceaux de verre avant de les souder. L'endroit du ruban est lisse alors que son envers est adhésif. La face adhésive est appliquée sur le bord du verre. Proposé en diverses largeurs, ce type de ruban est enduit d'argent ou de cuivre. Je préciserai la largeur nécessaire à chaque projet. On parle également de ruban de cuivre.

Brunissoir

Le brunissoir est un outil doté d'un rouleau à une extrémité et d'une rainure à l'autre. On l'emploie pour appliquer le ruban métallique sur les pourtours des morceaux de verre et former un liant étanche.

On peut également lisser le ruban métallique à l'aide d'une baguette de bois, d'une tige de bois, d'un éplucheur ou d'un lathekin.

Couteau d'artiste

Employez un couteau d'artiste doté d'une lame n° 11 afin de couper le ruban métallique.

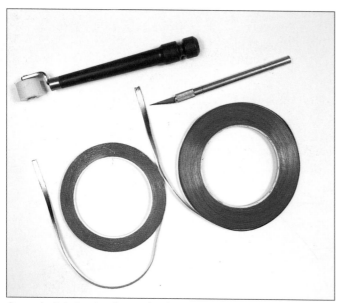

De gauche à droite, dans le sens des aiguilles d'une montre: brunissoir, couteau d'artiste, ruban de cuivre, ruban d'argent.

Flux

Le flux est un apprêt que l'on applique sur le métal avant qu'il reçoive la soudure. Sans lui, la soudure ne tiendrait pas. Je recommande un flux hydrosoluble qui disparaîtra au lavage avec un peu de détergent à vaisselle et qui peut tenir sur le verre pendant 24 heures sans l'abîmer.

Avant de commencer à travailler, je vous conseille de verser un peu de flux dans un pot à large ouverture. Ne trempez pas le pinceau dans le contenant d'origine pour l'appliquer sur votre ouvrage car, ce faisant, il perdrait de sa puissance.

Appliquez le flux à l'aide d'un pinceau prévu à cet effet. L'exposition continue au flux provoque une corrosion rapide; aussi, procurez-vous plusieurs pinceaux.

Brasure

La brasure est le métal d'apport dont on use afin de retenir les morceaux de verre. On dirait un gros fil de métal enroulé autour d'une bobine. Lorsque vous emploierez du ruban de cuivre, il vous faudra une brasure forte portant le numéro 60/40; le premier nombre indiquant la quantité d'étain, le second la quantité de plomb présent dans la brasure.

Fer à souder doté d'un rhéostat

Afin de souder un vitrail, il faut un fer et non un pistolet. On ne peut employer un pistolet à souder pour réaliser un vitrail. Le rhéostat permet de contrôler la température du fer. Les fers à souder sont dotés d'embouts de tailles différentes. En général, lorsqu'on utilise un ruban de cuivre, on emploie un embout de 0,6 cm.

Cure-buse

Un cure-buse est simplement une éponge humide sur laquelle on essuie l'embout du fer à souder lorsqu'on travaille afin qu'il reste propre et brillant. Si on travaille avec un fer à souder dont l'embout est noirci, on aura du mal à réaliser une soudure de qualité.

À partir de la gauche: fer à souder doté d'un rhéostat et d'un repose-fer, fer à souder de 80 watts, flux et pinceau pour appliquer le flux, brasure, fer à souder de 100 watts à contrôle thermostatique.

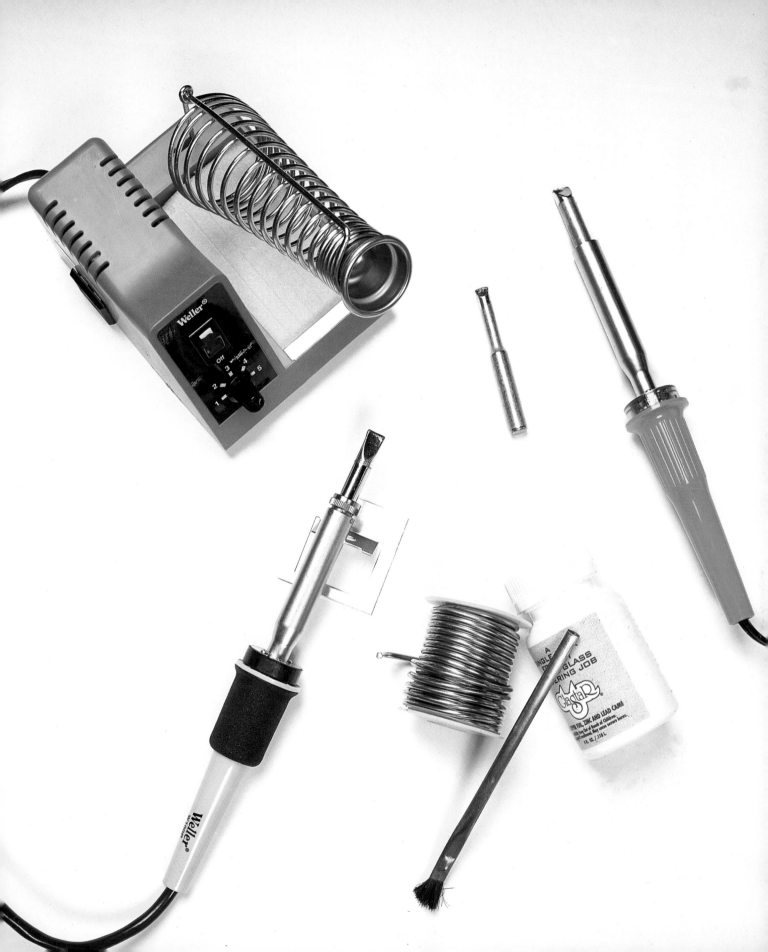

Matériel d'assemblage

*Installez-vous sur une table de travail dont la hauteur vous
convient et qui vous permet d'étendre votre matériel à mesure
qu'un ouvrage progresse. L'endroit doit être bien éclairé et bien
aéré, offrir un accès aux prises de courant, et le revêtement du
sol doit être facile d'entretien.*

Planche de travail

Votre planche de travail est la surface sur laquelle vous
taillerez et assemblerez les morceaux de verre. Elle doit
cadrer avec votre table de travail et sa surface doit être
supérieure à celle du projet que vous voulez réaliser. Il peut
s'agir d'une feuille de contreplaqué de 2 cm d'épaisseur.
Vous pourriez également employer un matériel de construction appelé *Homasote* dont on fabrique les babillards. On se
procure ces matériaux dans les magasins de matériaux de
construction.

Crochets d'équarrissage

Les crochets d'équarrissage servent à retenir les pourtours
des objets qu'il faut assembler et souder. Vous pouvez vous
procurer des crochets prévus à cette fin ou encore en fabriquer avec des tiges de bois. Assujettissez les crochets
d'équarrissage à l'aide de punaises. Quant aux tiges de bois,
il suffit de les clouer sur un plan de travail en bois.

Équerre à dessin

Vous aurez besoin d'un équerre à dessin afin d'installer
les crochets d'équarrissage. Cette équerre devrait être formée d'un angle de 45 degrés et d'un angle de 90 degrés.

Brosse et pelle à poussière

Vous devrez conserver une brosse et une pelle à poussière
à portée de main afin de nettoyer régulièrement les éclats de
verre et les rebuts qui s'accumuleront sur votre surface de
travail. On peut facilement
abîmer un morceau de verre en
le posant sur des éclats et des
rognures de verre. Un simple
éclat peut faire craquer un
grand morceau de verre.

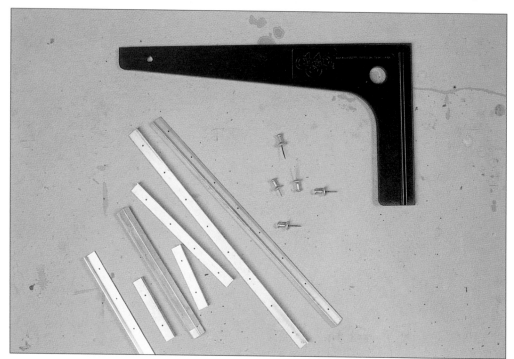

*De haut en bas: équerre à dessin,
punaises et crochets d'équarrissage
disposés sur une planche de travail.*

Matériel pour réaliser les bordures et suspendre les vitraux

Un panneau de vitrail doit être encadré pour éviter qu'il ne courbe lorsqu'il sera suspendu. Pour ce faire, on peut employer un cadre de bois ou de métal préfabriqué ou fabriqué sur commande ou encore en faire un avec une languette rainurée.

Languette rainurée

On se sert d'une languette rainurée pour encadrer les panneaux de verre. Ce type de languette est fabriqué à partir de zinc, de laiton et de cuivre extrudés et sa rainure intérieure tient le verre en place. On la vend en sections de deux mètres.

Encocheur

Employez un encocheur afin d'entailler la languette rainurée selon un angle de 45 degrés. Vous ferez ainsi des coins en onglet dignes de ce nom.

Mesurez la languette à l'aide d'une règle, celle que vous utilisez pour dessiner les modèles et tailler les gabarits. On peut également entailler la languette à l'aide d'une pince à plomb.

Boucles d'accrochage

Vous pouvez faire les boucles d'accrochage avec du fil de cuivre de calibre 12. (Vous pouvez étamer le fil en lui appliquant du flux et en l'enduisant de brasure.) Formez les boucles à l'aide de pinces à bec demi-rond ou rond et employez les pinces afin de tenir les boucles pendant que vous les soudez au cadre. Passez un monofilament entre les boucles et assujettissez-le avant d'accrocher le panneau.

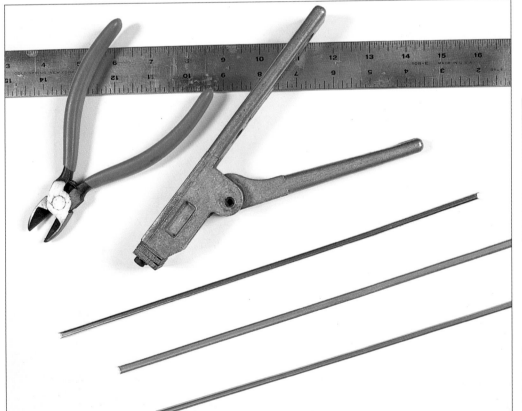

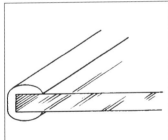

Languette rainurée

De haut en bas à partir de la gauche : règle, pince en plomb, encocheur, languette rainurée en zinc, languette rainurée en laiton, languette rainurée en cuivre.

Décoration et finis

On peut employer différents matériaux afin de décorer et d'enjoliver les objets de verre. Les projets présentés dans cet ouvrage vous montrent comment intégrer des décorations dans vos modèles.

Morceaux de verre biseautés

Il s'agit de morceaux de verre translucide taillés en biseau et polis. Ils sont d'utilisation facile car on n'a pas à les tailler. Dans cet ouvrage, vous verrez comment on peut en faire le principal élément d'un objet et comment s'en servir pour ajouter de la profondeur et de la dimension. Ils sont proposés en un large éventail de tailles et de formes, entre autres des carrés, des rectangles et des triangles.

Pépites de verre

Il s'agit de morceaux de verre dont la surface est bombée et l'envers plat. Les pépites de verre servent à décorer un objet ou à lui apporter davantage de dimension. Elles sont proposées en un large éventail de tailles et de couleurs.

Bijoux de verre

Il s'agit de morceaux de verre pressé ou moulé dont l'envers est plat. On les emploie en guise de décoration, pour ajouter de la dimension ou pour former des motifs. Ils sont proposés en un large éventail de couleurs et de formes.

Autres décorations

On peut employer plusieurs autres matériaux afin de décorer des objets de verre, entre autres des coquillages, des billes et des perles.

Patines et finis

On trouve sur le marché plusieurs patines et finis destinés au vitrail. Ces produits entrent en réaction chimique avec l'étain et le plomb présents dans la brasure afin de créer une patine ancienne. Employez toujours ces produits dans une pièce bien aérée et portez des gants de caoutchouc. Suivez le mode d'emploi du fabricant.

Dans le sens des aiguilles d'une montre, en partant du coin supérieur gauche: coquillages, pépites de verre, billes de verre et perles de verre, bijoux de verre, morceaux de verre biseautés et fil de cuivre.

RÉALISEZ VOTRE PREMIER PROJET

Dans cette section, vous apprendrez à découper un modèle, à tailler le verre, à utiliser une meuleuse, à appliquer du ruban métallique et à encadrer votre œuvre afin de l'exposer.

Quantité de verre

La quantité de verre nécessaire à la réalisation des projets réunis dans cet ouvrage vous est précisée dans la liste des fournitures de chacun. Je voulais vous faciliter les choses à cet égard car il s'agit d'un aspect problématique pour nombre d'artisans verriers, même parmi les plus chevronnés. Voici quelques directives, en prenant pour exemple le panneau au motif de tulipe qui suivra.

Pour l'arrière-plan, qui mesure 30,5 cm sur 20 cm, vous en aurez suffisamment d'une superficie de 30,5 cm^2 dans laquelle vous pourrez tailler tous les éléments et, le cas échéant,

tailler de nouveau quelques pièces de verre si vous ratiez votre coup. Afin de réaliser les pétales et les feuilles, il vous faudra près de deux fois plus de verre que l'espace à couvrir. Vous devriez vous procurer deux fois plus de verre rose que la superficie de la fleur, de manière à pouvoir orienter le grain du verre de telle sorte qu'il crée le plus bel effet.

Pour ce premier projet, il faut 30,5 cm^2 de verre crème opalescent afin de réaliser l'arrière-plan. Pour la tulipe, il faut moitié moins de verre rose. Pour les feuilles, il faut 15 cm^2 de verre opalescent vert.

Première étape · La préparation du modèle

1. Posez du papier à décalquer sur le modèle et tracez le dessin à l'aide d'un crayon à mine de plomb. À l'aide de flèches, indiquez l'orientation que vous souhaitez donner au grain du verre. Quelle que soit la couleur employée, il faut que le grain du verre s'oriente dans une même direction. Vous devez donc tracer des flèches à cet effet. Lorsque les morceaux sont découpés, on a du mal à déterminer l'endroit où chacun se trouvera. Numérotez chaque morceau de manière à pouvoir le replacer sur le modèle servant à l'assemblage lorsqu'il sera taillé. J'ajoute également une lettre à chaque numéro afin d'indiquer les morceaux de même couleur. Par exemple, la lettre *A* désigne ici l'arrière-plan alors que la lettre *B* représente la tige et les feuilles de la tulipe.

2. Reportez le dessin sur du papier blanc ou photocopiez le modèle décalqué. Il vous faut deux copies du modèle, l'une à partir de laquelle vous découperez des gabarits afin de tailler les morceaux de verre et l'autre qui vous servira à assembler les morceaux.

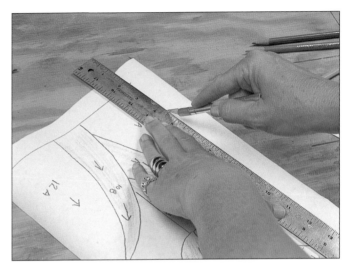

4. À l'aide d'une règle et d'un couteau d'artiste, coupez la bordure de la feuille.

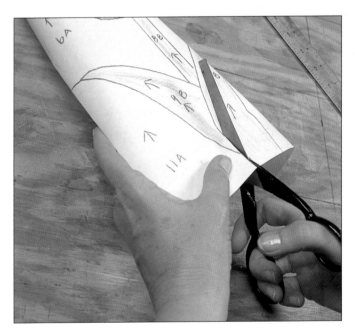

3. Inscrivez un code de couleurs sur le modèle à l'aide de crayons de couleurs qui correspondent aux couleurs de verre que vous avez choisies. Ainsi, vous identifierez plus facilement les morceaux après que vous les aurez découpés pour faire les gabarits.

5. À l'aide des ciseaux pour modèles, découpez les différents morceaux qui vous serviront de gabarits. Posez la lame unique vers vous et découpez par petits traits. Tenez le papier de l'autre main et découpez en respectant les lignes. Faites de même pour tous les morceaux du modèle. L'ordre selon lequel vous découpez les morceaux importe peu; faites comme bon vous semble.

Deuxième étape · La taille des morceaux de verre

2. Afin de rompre le verre, saisissez-le entre les index repliés et les pouces. Éloignez quelque peu les mains et exercez une pression sur le verre qui cédera le long de la ligne gravée.

1. Déterminez la quantité de verre qu'il vous faut afin de tailler le premier morceau en posant le modèle sur le pan de verre. Coupez le pan entier afin d'obtenir un morceau plus petit à partir duquel vous pourrez tailler tous les morceaux de même couleur. Employez un coupe-verre pour tailler les morceaux.

3. Appliquez de la colle caoutchouc à l'endos des morceaux du modèle. Si vous disposez d'une table lumineuse, posez le modèle sur la surface éclairée que vous couvrirez ensuite de la plaque de verre. Le tracé du modèle paraîtra à travers le verre. À l'aide d'un marqueur gras pour le verre ou d'un feutre dont l'encre est délébile, reportez le modèle sur la plaque de verre.

Mise en garde : Portez toujours des lunettes de protection lorsque vous découpez du verre.

4. Une plaque de verre a un envers et un endroit. L'endroit est en général plus lisse que l'envers, qui est raboteux. Posez les morceaux du modèle sur l'endroit du verre en alignant les flèches avec le grain du verre. Prévoyez un espace de 1 cm entre les morceaux afin de pouvoir rompre le verre sans difficulté.

5. On voit ici comment tenir le coupe-verre comme il se doit. Voyez la position des doigts et du pouce, de même que l'angle formé entre l'instrument et la plaque de verre.

6. Afin de tailler le premier morceau, gravez le verre à partir du bord de la plaque en direction de la forme à découper et suivez le gabarit.

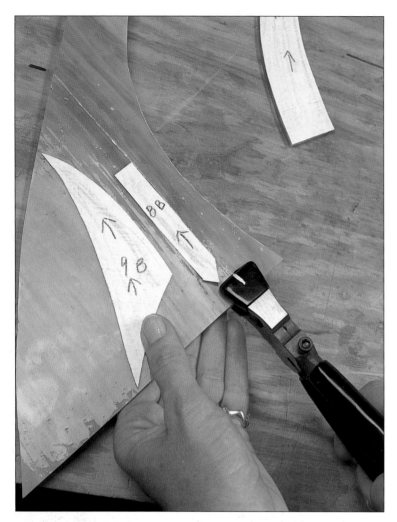

7. Continuez de tailler en suivant le gabarit.

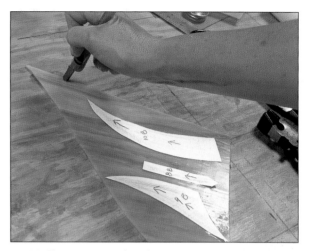

8. Taillez jusqu'au bord supérieur de la plaque de verre.

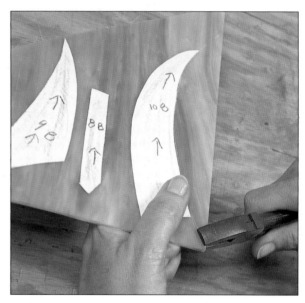

9. Rompez le verre à l'aide de pinces à mâchoires plates. Saisissez le verre d'une main et tenez les pinces en parallèle au tracé sans toutefois les poser sur la ligne. L'extrémité des mâchoires doit à peine frôler le tracé. Ce type de pinces est également utile pour rompre des entailles courbes. On poursuit de même la taille du reste du morceau, c.-à-d. que l'on grave et que l'on rompt le verre. Gravez toujours les courbes intérieures en premier lieu, après quoi passez aux courbes extérieures. Réservez les lignes droites pour la fin.

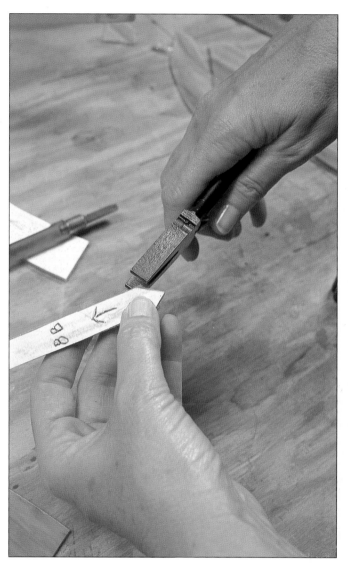

10. Employez des pinces à mâchoires courbes pour rompre les lignes droites, par exemple la tige de la tulipe. Gravez le verre d'un bord à l'autre en suivant le tracé du gabarit. Alignez le trait sur les pinces à mâchoires et la ligne gravée afin de rompre le verre.

11. Épurez le contour du morceau à l'aide de pinces à mâchoires dentées pour enlever tout éclat qui excéderait. Vous épargnerez beaucoup de temps en ôtant le plus de verre indésirable possible du bord à l'aide des pinces à mâchoires dentées avant de passer à la meuleuse. Un conseil : afin de travailler sur une surface propre, passez souvent une brosse sur votre plan de travail pour y enlever les éclats de verre.

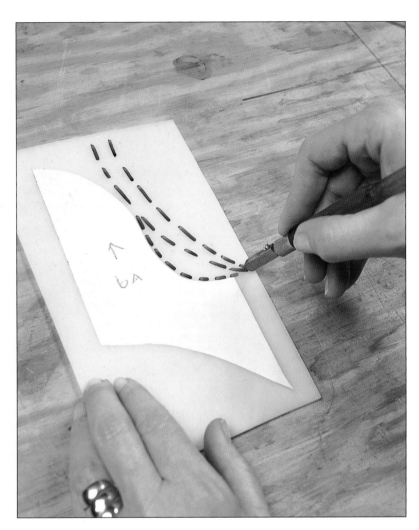

13. Poncez les bords de chaque morceau à l'aide d'une pierre carborundum ou d'une toile d'émeri.

12. Afin de tailler les courbes accentuées, procédez par coupes successives jusqu'à vous rendre au tracé voulu. Le pointillé montre les étapes nécessaires à la taille d'une courbe prononcée.

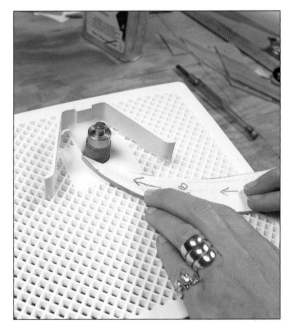

14. Sinon, employez une meuleuse pour adoucir les pourtours. Le gabarit de papier doit rester fixé au morceau de verre lorsque vous le poncez à la machine.

Troisième étape · L'assemblage de l'ouvrage

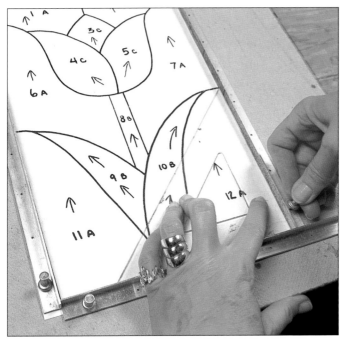

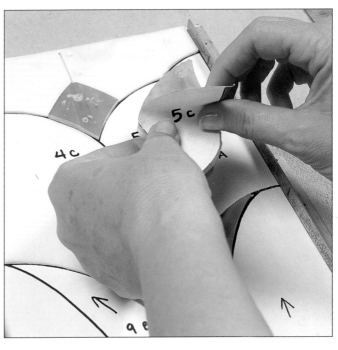

1. Préparez votre plan de travail en posant un modèle intact sur la surface. Vous assemblerez les morceaux de verre sur ce modèle. Disposez les crochets d'équarrissage sur trois faces du modèle intact. Employez une équerre pour vous assurer que les crochets forment un angle droit. Laissez une face libre afin d'insérer ou de déloger les morceaux de verre.

2. Retirez le gabarit de papier de chacun des morceaux de verre et posez chaque morceau à l'endroit opportun.

3. Mettez en place tous les morceaux de verre.

4. Si les morceaux de verre manquent de jeu ou s'ils s'ajustent mal, poncez leurs bords à l'aide d'une toile d'émeri ou d'une meuleuse.

5. Lorsque tous les morceaux sont bien en place, ajoutez le quatrième crochet d'équarrissage et fixez-le. Laissez les morceaux de verre à l'intérieur de ce cadre pendant l'application du ruban métallique ; ne soulevez qu'un morceau à la fois. Sinon, les morceaux pourraient mal s'ajuster.

Quatrième étape · L'application du ruban métallique

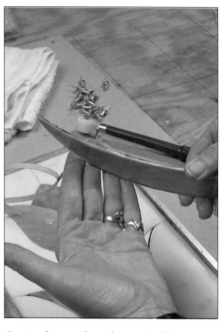

1. Nettoyez à l'aide d'un chiffon les bords de tous les morceaux de verre pour y enlever le moindre résidu gras provenant du coupe-verre ainsi que la poudre laissée par la meuleuse ou la pierre carborundum.

2. Pelez la pellicule protectrice du ruban métallique et placez le bord d'un morceau de verre au centre de la surface adhésive du ruban.

3. Appliquez le ruban métallique sur tout le pourtour du morceau en veillant à ce que ce dernier soit bien centré pour qu'une bordure métallique de même largeur chevauche les deux côtés du morceau. (Il s'agit de l'étape la plus facile de l'ouvrage. Si vous travaillez à un objet d'envergure tel qu'un abat-jour, il vous faudra peut-être entourer ainsi mille morceaux de verre. La chose exige du temps et de la patience mais est exempte de difficulté.)

4. Lorsque vous avez couvert tout le pourtour d'un morceau de verre et que vous êtes revenu à votre point de départ, superposez environ 0,5 cm de ruban métallique et coupez-le à l'aide d'un couteau d'artiste.

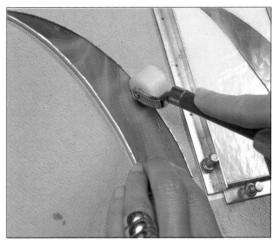

6. Lissez le ruban métallique sur les deux côtés du morceau de verre en vous servant de la molette du brunissoir. N'oubliez pas de lisser ainsi les deux faces du morceau. On sait qu'on a fait du bon travail lorsqu'il est impossible de distinguer l'endroit où les extrémités du ruban métallique se chevauchent et qu'aucune aspérité ne marque l'endroit où la bande rencontre le verre. Les bordures doivent être tout à fait lisses.

5. Lissez le ruban métallique à la surface du verre afin de créer un liant étanche. Passez la partie cannelée d'un brunissoir sur le pourtour du morceau afin de faire adhérer le ruban métallique. N'utilisez pas vos doigts pour ce faire car vous pourriez vous couper.

7. Continuez ainsi jusqu'à ce que tous les morceaux soient bordés de ruban métallique. Replacez chaque morceau à l'intérieur du cadre lorsqu'il est bordé.

Cinquième étape · Le soudage des morceaux de verre

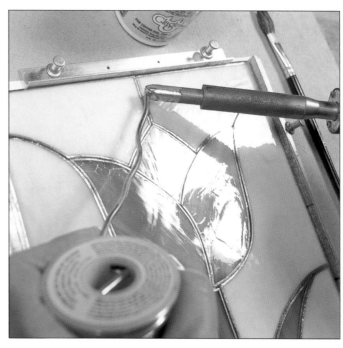

1. Faites chauffer le fer à souder. Appliquez du flux sur la première zone que vous souhaitez souder. Ce geste n'a pas à être précis. Faites en sorte de couvrir le ruban métallique et n'ayez crainte si le flux déborde sur le verre.

2. Posez l'embout du fer à souder sur la surface métallisée. Tenez le fer d'une main et le fil de métal de l'autre. Pour fondre, le fil doit toucher l'embout chauffant.

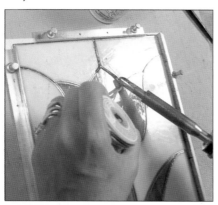

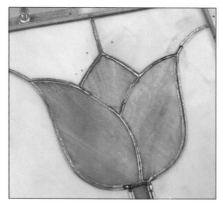

5. Lorsque vous aurez soudé l'une des faces du vitrail, retournez-le et soudez l'autre face. Un conseil: si vous apercevez des gouttelettes de plomb en retournant le vitrail, prenez un chiffon humide et posez-le sous la pièce que vous vous apprêtez à souder. Ainsi, le métal fondu refroidira plus vite et ne gouttera plus de l'autre côté du panneau.

3. Faites courir l'embout du fer chaud sur le ruban métallique couvert de flux en faisant fondre le fil à mesure que vous progressez. Le fil fondu adhérera à la surface métallisée et liera les morceaux de verre.

4. Continuez le soudage une zone à la fois, d'abord en appliquant le flux et ensuite en faisant fondre le fil de métal. Pour réaliser une fine soudure aux intersections où se rencontrent différents morceaux, faites fondre le fil de métal dans une direction puis dans l'autre à partir du point d'intersection.

Mise en garde: Procédez au soudage dans une pièce qui est bien aérée et évitez d'inhaler les émanations.

Sixième étape · L'encadrement de l'œuvre

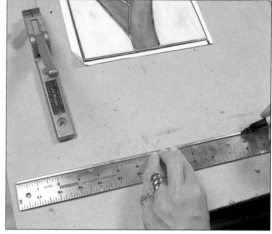

2. À l'aide d'un feutre, faites une marque pour chaque longueur, selon l'ordre indiqué, en travaillant dans le sens des aiguilles d'une montre. Les marques indiquent les endroits où la languette sera entaillée pour être repliée aux quatre angles du panneau et former des coins en onglet. Par exemple, sur un panneau de 20 cm sur 25 cm, faites une marque à 20 cm, puis à 25, puis à 20 et enfin à 25 cm.

1. Vous devrez maintenir la bordure des panneaux en place à l'aide d'un cadre de plomb pour vitraux. Même si vous projetez d'entourer votre œuvre d'un cadre de bois, il est préférable de la sertir d'un cadre de plomb afin de la fortifier. Lorsque vous avez terminé le soudage et que vous avez retiré les crochets d'équarrissage, mesurez chaque côté du panneau afin de déterminer la quantité de languette rainurée nécessaire afin de l'encadrer. Travaillez dans le sens des aiguilles d'une montre. Additionnez la longueur de chacun des côtés pour connaître la longueur de la languette dont vous avez besoin. Par exemple, si le panneau fait 20 cm sur 25, il vous faudra une languette de 90 cm de long (20 + 20 + 25 + 25 cm).

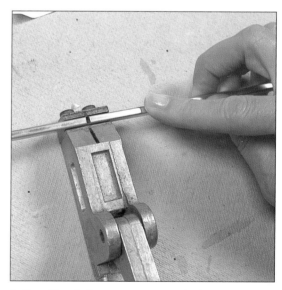

3. Entaillez la languette aux endroits marqués à l'aide d'un encocheur.

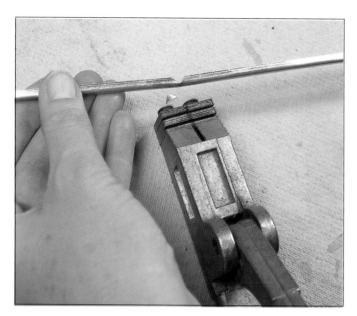

4. On aperçoit ici une languette entaillée là où on formera un coin en onglet.

5. Disposez la languette rainurée autour du panneau en pliant aux encoches et en positionnant celles-ci dans les angles. Employez des punaises afin d'assujettir la languette autour du panneau.

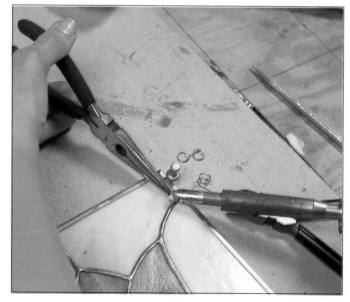

6. Badigeonnez de flux le joint formé par les extrémités de la languette et soudez-les. N'oubliez pas d'appliquer du flux avant de souder. Lorsque vous aurez soudé l'une des faces, retournez le panneau et soudez l'autre.

7. Facultatif: vous pouvez fabriquer des œillets afin d'insérer un fil d'aluminium qui servira à accrocher le panneau. Employez des pinces à retoucher afin de former des cercles de fil qui feront des œillets. Soudez un cercle de fil de chaque côté à l'arrière du panneau. Fixez un monofilament aux boucles afin d'accrocher le panneau.

LES CONSEILS D'UNE EXPERTE

Le trait de coupe

On ne doit graver qu'une seule fois un trait de coupe sur un morceau de verre. N'entaillez pas deux fois un même trait de coupe ; vous abîmeriez votre coupe-verre et la fracture ne serait pas réussie.

Déterminer la séquence selon laquelle on procédera

Il tombe sous le sens de tailler les grands morceaux en premier lieu et de terminer par les petits. Advenant que l'on commette une erreur, on peut ensuite réutiliser les morceaux pour en tailler de plus petits.

La soudure par points

Souvent vous lirez qu'il faut souder un ouvrage par endroits pour éviter que les morceaux ne bougent alors que vous procéderez au soudage des joints.

Pour ce faire, posez le fer chaud et le fil de métal sur le flux ici et là pendant environ une seconde, de manière à former des points de métal fondu. En refroidissant, ces points retiendront les différents morceaux de verre.

Le soudage

- Le joint à brasure devrait être d'une hauteur égale à sa largeur. Il ne doit pas être plat mais bombé.
- Souder à l'aide d'une bande de cuivre a ceci d'avantageux que, si le résultat laisse à désirer, il suffit d'appliquer de nouveau du flux et de recommencer l'opération.
- L'embout du fer à souder doit toujours porter une bulle de métal en fusion. Laissez couler la brasure à son propre rythme.
- Si la brasure semble grumeleuse, il faut davantage de flux ou de chaleur.
- Soudez une pièce de haut en bas. Je préfère souder un vitrail à partir du haut de la fenêtre (la partie la plus éloignée) et descendre pour éviter de me frotter à la brasure chaude alors que je travaille.

Travailler dans le sens du grain du verre

Le verre artisanal, à l'instar d'une étoffe, a un grain qui se déploie à la verticale de haut en bas d'une plaque. Les stries de certains types de verre sont plus apparentes que d'autres. Il importe de déterminer le sens du grain du verre et d'en marquer l'orientation en traçant des flèches sur le verre même. Elles vous aideront à disposer les gabarits sur le verre de sorte qu'ils tiennent compte de l'orientation des stries.

Tirer le maximum d'avantages du grain du verre

- Le grain du verre dans un ouvrage doit toujours se déployer dans le sens de la plus longue dimension de l'ouvrage. Par exemple, si un panneau mesure 90 cm de haut et 30 cm de large, le grain du verre doit se déployer à la verticale. Si vous fabriquez une imposte qui fait 30 cm de haut et 80 cm de large, le grain doit se déployer à l'horizontale. Ce principe vaut également pour les bordures d'un modèle.
- Si vous réalisez un modèle qui emprunte aux fleurs ou aux animaux, il est préférable d'imiter le mieux possible la nature. Par exemple, le grain d'une fleur doit se déployer depuis le centre vers l'extérieur des pétales.

DES OBJETS À RÉALISER
EN UN APRÈS-MIDI

Les projets rassemblés dans cette section sont si simples à réaliser qu'un néophyte peut y parvenir en un après-midi, qu'il s'agisse de panneaux, de cadres, de coffrets et autres accessoires décoratifs, voire de mosaïques.

Chaque projet est illustré d'une ou de plusieurs photos, sans parler de la liste des fournitures nécessaires à sa réalisation et des directives relatives à la taille, l'assemblage et la finition. La liste des fournitures de chaque projet compte habituellement les outils et les fournitures de base dont vous aurez besoin. Vous les trouverez en page ci-contre.

Liste des outils et fournitures de base

Les outils et fournitures suivants sont nécessaires à la réalisation de chacun des projets qui suivront. Je ne dresserai pas cette liste pour chacun des projets. La liste des fournitures de chaque projet ne comprendra que le verre nécessaire et les fournitures liées à sa décoration.

Fournitures pour fabriquer les modèles :
- Colle ou fixatif à base de caoutchouc
- Crayon et gomme à effacer
- Feutres ou marqueurs gras pour verre
- Papier pour modèles
- Règle de métal à endos de liège, de 45 cm de long
- Papier transparent
- Crayons de couleurs
- Ciseaux pour modèles

Outils pour la taille du verre :
- Coupe-verre
- Huile de lubrification
- Pierre carborundum ou toile d'émeri
- Facultatif : meuleuse pour les bords de verre
- Pinces universelles
- Facultatif : pinces à mâchoires plates
- Pinces à mâchoires courbes
- Pinces à mâchoires dentées

Fournitures pour l'assemblage :
- Planche de travail
- Crochets d'équarrissage
- Punaises
- Équerre formée d'un angle de 45 degrés et d'un angle droit
- Brosse et pelle à poussière
- Ruban masque

Fourniture pour le soudage :
- Ruban métallique
- Brunissoir
- Couteau d'artiste
- Fer à souder doté d'un embout de 0,5 cm
- Rhéostat
- Repose-fer à souder
- Cure-buse
- Flux et pinceau à flux

Accessoires de protection :
- Lunettes
- Masque facial

PANNEAU
AU MOTIF DE TULIPE

Voici le projet qui sert à démontrer la technique de base de l'art du vitrail. Il s'agit d'un bel objet à fabriquer au départ en raison de sa simplicité et de la beauté du résultat. Il ne nécessite que trois couleurs de verre mais les formes vous permettront de vous exercer à différentes tailles.

Dimensions : 19 cm sur 31 cm.

FOURNITURES

Verre :
• Blanc opalescent, 30,5 cm² (pour l'arrière-plan)
• Rose opalescent, 15 cm² (pour les pétales)
• Vert opalescent, 15 cm² (pour la tige et les feuilles)

Autres fournitures :
• Ruban de cuivre de 0,5 cm
• 122 cm de languette rainurée de 0,5 cm
• Brasure de 60/40
• Flux
• Fil de cuivre

Outils :
• Outils et fournitures de base (cf. la liste en page 41)
• Encocheur
• Pinces à bec demi-rond

ÉTAPE PAR ÉTAPE
Cf. la section intitulée « Réalisez votre premier projet » pour y voir les photos illustrant la réalisation de ce panneau.

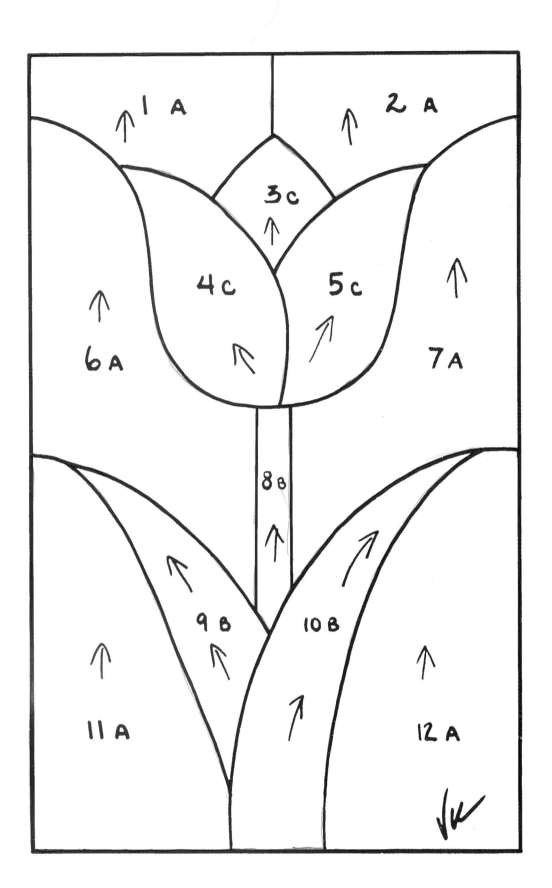

*Modèle du panneau
au motif de tulipe.
Agrandissez-le
de 148 pour cent
pour obtenir
sa dimension réelle.*

CADRES POUR PHOTOGRAPHIE EN PÉPITES DE VERRE

Ces cadres sont si faciles à fabriquer qu'aucun modèle n'est nécessaire! Il suffit de modifier les dimensions d'un cadre en fonction de la photo à encadrer en taillant des bandes de verre plus ou moins longues et en alignant plus ou moins de pépites de verre.

Dimensions: ce cadre reçoit des photos de 10 cm sur 15 cm.

FOURNITURES (pour un cadre)
Verre:
- Entre 40 et 50 pépites de verre
- 1 bijou fantaisie de verre, ou davantage
- Verre translucide, 10 cm sur 12,5 cm

Autres fournitures:
- Ruban de cuivre de 0,5 cm
- Brasure de 60/40
- Flux
- 36 cm de languette rainurée en cuivre de 0,5 cm
- 26 cm de fil de cuivre de calibre 12
- Carton mince

Outils:
- Outils et fournitures de base (cf. la liste en page 41)
- Encocheur

ÉTAPE PAR ÉTAPE

Cf. les photos ci-dessous.

Confection du cadre:

1. Entourez le morceau de verre translucide de ruban de cuivre.

2. Appliquez du ruban de cuivre sur chacune des pépites de verre et sur le bijou fantaisie. Un conseil: si le ruban de cuivre adhère mal aux pépites, passez leurs pourtours à la meuleuse. Elles auront plus de mordant et le ruban tiendra mieux.

3. Posez le morceau de verre translucide sur votre planche de travail. Disposez les pépites et le bijou fantaisie autour du morceau de verre en vous servant de la photo comme d'un modèle ou en en créant un original.

4. Fixez chaque pièce à l'aide d'un point de soudure.

5. Soudez les pépites de verre au cadre.

6. Afin de fabriquer une rainure dans laquelle vous insérerez la photo, vous devrez fixer un morceau de languette rainurée au verso de la plaque de verre que vous assujettirez sur trois faces. Mesurez la languette rainurée et, à l'aide d'un encocheur ou de pinces à plomb, entaillez-la pour qu'elle entoure les côtés et le bas de la plaque de verre. À l'aide de ruban adhésif, assujettissez-la au verso du cadre. Soudez les quatre angles pour la fixer au cadre.

Fabrication de l'appui du cadre:

1. Soudez une extrémité d'un fil de cuivre de 26 cm à un côté de la languette rainurée.

2. À l'aide de pinces à bec demi-rond, tournez l'autre extrémité du fil de cuivre pour former une spirale plate. Courbez la spirale de manière à ce qu'elle soutienne le cadre selon l'angle voulu.

Finition:

1. Nettoyez le cadre avec de l'eau et du savon.

2. Appliquez une patine cuivrée.

3. Découpez un morceau de carton de la taille du cadre pour faire un renfort à la photo. Insérez la photo de votre choix.

Soudure

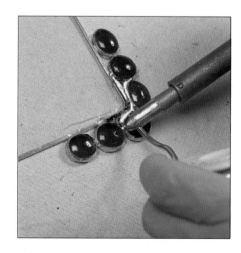

1. Appliquez le ruban métallique et assemblez: Entourez de ruban métallique le pourtour de la plaque de verre, des pépites et du bijou fantaisie. Disposez les pépites de verre et le bijou le long du pourtour de la plaque de verre sur une surface qui résiste à la chaleur, par exemple du Homasote, de l'inox ou du ciment.

2. Appliquez le flux: À l'aide d'un pinceau, appliquez le flux sur les zones de la plaque et des pépites de verre couvertes de ruban métallique.

3. Soudez: Soudez par points les morceaux afin de les maintenir, puis appliquez suffisamment de brasure pour emplir l'espace entre les pépites et la plaque de verre. N'oubliez pas de souder les bords extérieurs. Si vous soudez l'endroit avec précision, vous n'aurez pas à souder l'envers du cadre.

*Modèle pour le panneau au motif de
crocus représenté en page 49.*

PANNEAU
AU MOTIF DE CROCUS

Modèle en page 47.

Des morceaux de verre biseautés sont soudés de chaque côté de ce panneau pour qu'on puisse le poser sur une table. Si vous souhaitez l'accrocher au mur, il suffit d'y fixer des œillets et un monofilament. Voyez la section intitulée « L'encadrement de l'œuvre » de « Réalisez votre premier projet » pour voir comment on fixe des œillets en vue de l'accrochage.

Dimensions : 19 cm sur 23 cm.

FOURNITURES

Verre :

• Verre cathédrale translucide et texturé, 25,5 cm^2
• Verre cathédrale mauve, 15 cm sur 20 cm
• Verre cathédrale vert, 15 cm sur 20 cm
• 2 morceaux de verre translucide biseautés (pour l'appui)

Autres fournitures :

• Ruban de cuivre de 0,5 cm dont l'envers est noir
• Brasure de 60/40
• Flux
• 153 cm de languette rainurée en zinc de 0,5 cm
• Patine noire

Outils :

• Encocheur
• Outils et fournitures de base (cf. la liste en page 41)

ÉTAPE PAR ÉTAPE :

Préparez, taillez et assemblez :

1. Prévoyez deux copies du modèle. Numérotez et inscrivez un code de couleur sur chacune. À l'aide de ciseaux pour modèles, découpez les gabarits à partir d'une copie codée.
2. Faites adhérer les gabarits aux morceaux de verre et taillez-les.
3. Poncez les bords de chacun des morceaux de verre pour qu'ils s'ajustent bien. Nettoyez le pourtour de chaque morceau.
4. Punaisez la seconde copie du modèle à votre planche de travail. Fixez des bandes d'équarrissage afin de retenir les différents éléments de l'œuvre tandis que vous les assemblerez et les souderez.
5. Assemblez les morceaux de verre sur le modèle. Employez le coupe-verre afin d'ajuster les morceaux ou d'en poncer les bords. Chaque morceau de verre doit correspondre au modèle.

Appliquez le ruban métallique et soudez :

1. Entourez chaque morceau de verre de ruban de cuivre.
2. Soudez les morceaux à l'endroit désigné en laissant couler une belle brasure lisse entre les bordures de cuivre intérieures. (Il n'est pas utile de souder les bordures extérieures.) La brasure entourant les bordures métalliques doit être lisse.
3. Retournez l'ensemble et soudez l'arrière.

Encadrement et finition :

1. Mesurez la languette de zinc rainurée et, à l'aide d'un encocheur ou de pinces à plomb, entaillez-la afin d'encadrer le panneau et les deux morceaux biseautés qui font 7,5 cm^2.
2. Entourez le panneau et chaque morceau biseauté de languette de zinc. Soudez les joints. Vous avez désormais trois morceaux de verre encadrés de languette rainurée.
3. Posez le panneau à la verticale en l'appuyant sur des blocs de bois, des livres ou des boîtes de conserve remplies de sable qui le retiendront. Placez un morceau de verre biseauté sur un côté du panneau et soudez-le en haut et en bas du panneau. Faites de même de l'autre côté.
4. Nettoyez le panneau avec de l'eau et du savon. Laissez-le sécher.
5. Appliquez la patine noire.

HISTOIRE DE PÊCHE

En voici un qui ne s'enfuira pas ! Des boucles de fil de cuivre et un monofilament serviront à accrocher votre prise. Voilà le cadeau idéal pour le pêcheur de votre famille. Il aura une superbe allure accroché à la porte de votre salle de jeu.

Dimensions : 38 cm sur 20 cm.

FOURNITURES

Verre :
- Verre opalescent verdâtre, 61 cm^2 (pour le dos du poisson)
- Verre opalescent blanc, marron et gris, 8 cm^2 de chaque couleur (pour le flanc, la gueule et l'œil)
- Verre ondulé marron, 30,5 cm^2 (pour les nageoires)

Autres fournitures :
- Ruban de cuivre de 0,5 cm de large
- Brasure de 60/40
- Flux
- Patine noire
- Fil de cuivre de calibre 12

Outils :
- Outils et fournitures de base (cf. la liste en page 41)
- Pinces à bec demi-rond

Les indications se trouvent à la page 52.

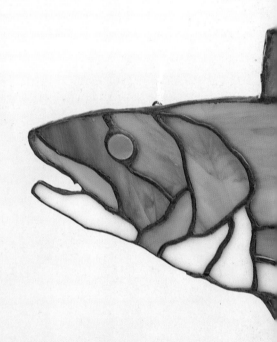

ÉTAPE PAR ÉTAPE

Préparez, taillez et assemblez :

1. Prévoyez deux copies du modèle. Numérotez et inscrivez un code de couleur sur chacune. À l'aide de ciseaux pour modèles, découpez les gabarits à partir d'une copie codée.
2. Faites adhérer les gabarits aux morceaux de verre et taillez-les.
3. Poncez les bords de chacun des morceaux de verre pour qu'ils s'ajustent bien. Nettoyez le pourtour de chaque morceau.
4. Punaisez la seconde copie du modèle à votre planche de travail. Posez chaque morceau à sa place. Si les morceaux de verre manquent de jeu ou s'ils s'ajustent mal, poncez leurs bords à l'aide d'une meuleuse. Chaque morceau de verre doit correspondre au modèle.

Appliquez le ruban métallique et soudez :

1. Entourez chaque morceau de verre de ruban de cuivre.
2. Punaisez les morceaux à votre planche de travail. Étant donné qu'il ne s'agit pas d'un carré ou d'un rectangle, vous ne pourrez maintenir les morceaux à l'aide de crochets d'équarrissage.
3. Soudez par points les morceaux afin de les maintenir en place pour éviter qu'ils ne glissent lorsque vous les souderez.
4. Soudez les morceaux en laissant couler une belle brasure lisse entre les bordures de cuivre intérieures et extérieures.
5. Retournez l'ensemble et soudez l'arrière.

Finition :

1. À l'aide de pinces à bec demi-rond, faites deux boucles de fil de cuivre. Soudez-les sur les lignes de soudure verticales du poisson ainsi qu'on le voit sur le modèle.
2. Nettoyez le poisson à l'eau et au savon et laissez-le sécher.
3. Appliquez une patine noire.

Modèle de poisson.
Agrandissez-le de 146 pour cent pour
obtenir sa dimension réelle.

ABAT-JOUR EN PLUMES DE PAON

Les panneaux servant à former un abat-jour sont uniques, chacun étant assemblé et soudé avant qu'ils ne soient tous réunis. Vous pouvez varier la dimension et la forme d'un abat-jour en ajoutant ou en enlevant des panneaux. (Le modèle proposé ici en compte huit.) L'abat-jour peut être pendu à une chaîne ou posé sur un pied de lampe. Les deux modèles sont assemblés de la même manière.

On fixe l'abat-jour à un luminaire ou à un socle de lampe à l'aide d'un capuchon ou d'un collier de fixation. Je vous conseille d'employer les capuchons car ils sont polyvalents et qu'on peut s'en servir de plusieurs façons. On les propose en une vaste gamme de modèles et de tailles. Si vous projetez d'employer des ampoules au wattage élevé, choisissez un capuchon perforé qui laisse s'échapper la chaleur.

Cet abat-jour est surtout constitué de verre opalescent qui diffuse la lumière. Si vous fabriquez un abat-jour exclusivement avec du verre cathédrale, on apercevra l'ampoule lorsqu'elle sera allumée, ce qu'il faut éviter.

Dimensions : 18 cm de hauteur, 32,5 cm de diamètre.

FOURNITURES

Verre :
- Verre opalescent vert pâle/bleu pâle, 30,5 cm² (pour l'arrière-plan)
- Verre opalescent vert sombre, 30,5 cm sur 61 cm (pour les plumes)
- Verre cathédrale mauve, 20 cm² (pour l'extrémité des plumes)
- Verre cathédrale ambré, 20 cm² (pour l'anneau entourant le capuchon)

Autres fournitures :
- Ruban de cuivre de 1 cm de large, à l'envers noir
- Brasure de 60/40
- Flux
- Patine noire
- Capuchon de lampe
- Fil de cuivre de calibre 16 (afin de renforcer l'abat-jour)

OUTILS :
- Outils et fournitures de base (cf. la liste en page 41)
- Boîtes de carton ou sacs de sable pour l'assemblage (cf. Plus loin)

ÉTAPE PAR ÉTAPE

Préparez, taillez et assemblez :

1. Prévoyez 16 copies du modèle. Numérotez et inscrivez un code de couleur sur chacune. À l'aide de ciseaux pour modèles, découpez les gabarits à partir de huit copies, soit une pour chaque panneau.

2. Faites adhérer les gabarits aux morceaux de verre et taillez-les.

3. Poncez les bords de chacun des morceaux de verre pour qu'ils s'ajustent bien. Nettoyez le pourtour de chaque morceau.

4. Punaisez les autres copies du modèle à votre planche de travail. Disposez deux crochets d'équarrissage comme on le voit à la figure 1.

5. Posez chaque morceau à sa place. Si les morceaux de verre manquent de jeu ou s'ils s'ajustent mal, poncez leurs bords à l'aide d'une meuleuse. Chaque morceau de verre doit correspondre au modèle. Lorsque vous en avez terminé d'un panneau, passez au suivant et ainsi de suite jusqu'à ce que les huit soient montés.

Appliquez le ruban métallique et soudez :

1. Entourez chaque morceau de verre de ruban de cuivre.

2. Punaisez les morceaux à votre planche de travail et maintenez-les à l'aide de crochets d'équarrissage.

3. Soudez par points les morceaux afin

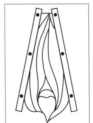

Fig. 1 Comment disposer les crochets d'équarrissage pour assembler un panneau.

de les maintenir en place.

4. Soudez les morceaux à l'endroit désigné en laissant couler une belle brasure lisse entre les bordures de cuivre intérieures et extérieures.

5. Retournez le panneau et soudez l'autre côté.

Assemblez l'abat-jour :

Vérifiez que les bordures de chaque panneau sont lisses et sans coulée de brasure inutile avant d'entreprendre cette étape.

1. Nettoyez les panneaux à l'aide d'un nettoyant pour le verre et d'un essuie-tout afin d'enlever les traces de flux, de sorte que le ruban masque adhère au verre.

2. Posez les panneaux à l'envers sur votre planche de travail. Assurez-vous que l'envers de tous les panneaux vous fait face. Alignez les bordures inférieures et supérieures de tous les panneaux. Cf. la photo n° 1.

3. Vérifiez que les dessins concordent d'un panneau à l'autre. Si un dessin ne concorde pas au suivant, il faut refaire un panneau ou rectifier les dessins.

4. Posez du ruban masque en l'entrecroisant sur l'envers de chaque panneau. Plus vous posez de ruban masque, plus vous aurez de facilité à assembler l'abat-jour. Vérifiez que le ruban adhère fermement aux panneaux. Cf. la photo n° 2.

Les indications se poursuivent à la page 56.

Coupez quatre ou cinq bandes de ruban masque et réservez-les en prévision de la prochaine étape.

5. En tenant le bord supérieur des deux panneaux extérieurs, soulevez le dessus de l'abat-jour jusqu'à l'amener en position verticale. Cf. la photo n° 3. Assujettissez les deux panneaux réunis avec du ruban adhésif. Ajustez les panneaux de manière à former un cercle et fixez-les avec de l'adhésif.

Soudez l'abat-jour:

1. Appliquez le flux sur la partie supérieure de l'abat-jour et soudez par points chacun des panneaux à son voisin.

2. Tournez lentement l'abat-jour et posez-le sur son col. Mise en garde: ne posez **jamais** l'abat-jour sur le côté, auquel cas il s'écraserait et le ruban métallique se dégagerait.

3. Lorsque l'abat-jour est en place, vérifiez la partie inférieure des panneaux et ajustez-les, le cas échéant. Retournez l'abat-jour pour le remettre en position initiale. Emplissez chaque ligne de soudure, de haut en bas, de brasure. Pour l'instant, ne vous souciez pas de l'apparence; il faut seulement vous assurer que l'abat-jour est solide et qu'il conservera sa forme lorsque vous ferez les passes de soudure.

4. À l'aide d'une boîte de carton ou de sacs de sable, placez l'abat-jour de sorte qu'il soit mis au niveau (cf. la figure 2). Vérifiez que l'abat-jour ne bougera pas et qu'aucune pression ne risque de le déformer. Appliquez le flux sur une ligne de soudure et faites couler une brasure bien lisse. Laissez refroidir cette ligne

de soudure. Faites tourner l'abat-jour afin de voir la prochaine ligne de soudure.

• Si la brasure chaude goutte à travers la ligne de soudure, diminuez la température du fer à souder.

• Si la ligne de soudure est pâteuse et grumeleuse, augmentez la température du fer à souder.

• Si vous éprouvez encore de la difficulté, passez à une autre ligne de soudure afin que refroidisse la ligne qui pose problème.

5. Lorsque vous aurez soudé toutes les lignes extérieures, posez l'abat-jour sur le côté et soudez les lignes intérieures.

Renforcez l'abat-jour:

Il faut renforcer tous les abat-jour à l'aide de fil de cuivre afin d'en prolonger la durée. Il faut toujours dérouler le fil de cuivre avant de l'employer car cela lui donne davantage de vigueur et défait les torsades ou les boucles.

1. Soudez le fil de cuivre autour du col et de la partie inférieure de l'abat-jour (cf. la figure 3). Soudez le fil par points afin qu'il tienne en place, puis ajoutez de la brasure afin de le couvrir complètement. Efforcez-vous de faire une bordure lisse dans la mesure du possible.

Fixez le capuchon:

1. Posez le capuchon sur le dessus de la lampe. Vérifiez qu'il est de niveau. Assujettissez-le avec du ruban masque.

2. Retournez l'abat-jour et, en travaillant depuis l'intérieur, soudez le capuchon au fil de cuivre autour du col et aux lignes de ruban métallique

Figure 2 – Avant de le souder, soutenez l'abat-jour à l'aide d'une boîte de carton.

Figure 3 – Renforcez l'abat-jour à l'aide d'un fil de cuivre.

Comment assembler les morceaux arrondis

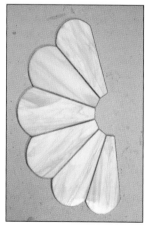

1. Posez les morceaux à l'envers sur votre planche de travail.

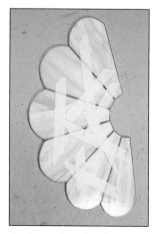

2. Entrecroisez des bandes de ruban masque afin de retenir les morceaux.

3. Posez l'abat-jour à la verticale, ajustez sa forme et assujettissez-le avec de l'adhésif avant de procéder au soudage.

verticales. Soudez-le solidement car la pression s'exer-cera sur cette zone.

Finition:

1. Nettoyez l'abat-jour avec de l'eau tiède savonneuse. (Vous pouvez le poser dans un évier afin de le net-toyer.) Faites égoutter et sécher l'abat-jour.

2. Facultatif: appliquez une patine noire en observant le mode d'emploi du fabricant.

3. Polissez l'abat-jour à l'aide d'une cire ou d'une encaustique conçue pour le verre.

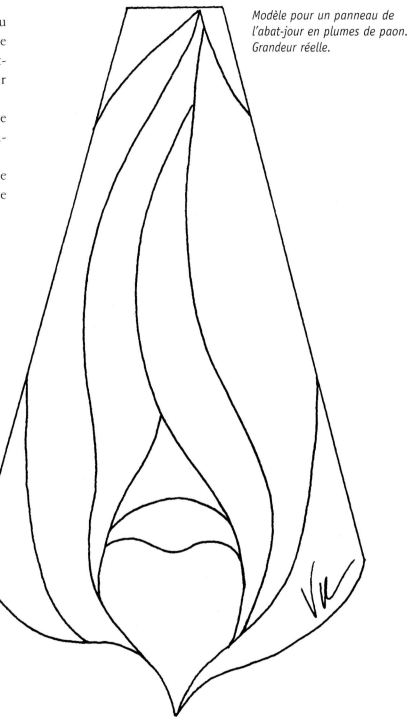

Modèle pour un panneau de l'abat-jour en plumes de paon. Grandeur réelle.

DÉCORATION POUR
LA BOÎTE À LETTRES

Ce soleil radieux s'intègre à l'appui d'une boîte à lettres standard. Le contraste entre les couleurs lui assure une visibilité même sous un faible jour. À présent, chaque journée vous apportera du soleil!

Dimensions : 27 cm de large sur 30,5 cm de haut.

Les indications se trouvent à la page 60.

FOURNITURES

Verre :
• Verre cathédrale bleu, 25,5 cm^2 (pour l'arrière-plan)
• Verre cathédrale jaune, 25,5 cm^2 (pour le soleil et les rayons)

Autres fournitures :
• Ruban de cuivre de 0,5 cm
• Brasure de 60/40
• Flux
• 122 cm de languette de zinc rainurée de 0,5 cm
• Patine noire
• 2 œillets et des vis (pour fixer sous la boîte à lettres)
• Facultatif : scellant de silicone transparent

Outils :
• Outils et fournitures de base (cf. la liste en page 41)
• Scie à métaux
• Pinces à bec demi-rond
• Facultatif : perceuse électrique

ÉTAPE PAR ÉTAPE

Préparez, taillez et assemblez :
1. Prévoyez deux copies du modèle. Numérotez et inscrivez un code de couleur sur chacune. À l'aide de ciseaux pour modèles, découpez les gabarits à partir d'une copie codée.
2. Faites adhérer les gabarits aux morceaux de verre et taillez-les.
3. Poncez les bords de chacun des morceaux de verre pour qu'ils s'ajus-tent bien. Nettoyez le pourtour de chaque morceau.
4. Punaisez la seconde copie du modèle à votre planche de travail. Assemblez les morceaux de verre sur le modèle. Employez la meuleuse afin d'ajuster les morceaux ou d'en poncer les bords. Chaque morceau de verre doit correspondre au modèle.

Appliquez le ruban métallique et soudez :
1. Entourez chaque morceau de verre de ruban de cuivre.
2. Assujettissez les morceaux sur votre planche de travail à l'aide de punaises et de bandes de bois.
3. Soudez par points les morceaux afin de les maintenir en place.
4. Soudez les morceaux en laissant couler une belle brasure lisse entre les bordures de cuivre intérieures. Il n'est pas utile de souder les bordures extérieures. La brasure du bord doit être lisse afin que la languette de zinc coulisse sans diffi-culté.
5. Retournez l'ensemble et soudez l'arrière.

Encadrement et finition :
1. À l'aide d'une scie à métaux dotée d'une lame de 32 dents, taillez la languette de zinc rainurée afin d'encadrer le panneau. Taillez d'abord le côté le plus long et mettez-le en place. Taillez ensuite la partie supérieure et les côtés de telle sorte que la languette excède quelque peu et puisse être repliée sur la par-tie la plus longue.
2. Fixez la languette sur les côtés de l'ornement et soudez les joints.
3. Vissez les œillets dans les extré-mités inférieures et supé-rieures de la languette de zinc et soudez-les.
4. Nettoyez l'applique avec de l'eau et du savon. Faites sécher.
5. Appliquez une patine noire en observant le mode d'emploi du fabricant.

Installation :
1. Placez l'ornement sous le support de votre boîte à lettres et marquez l'endroit où doivent se trouver les trous de vis.
2. Percez les trous à l'aide d'un foret quelque peu plus étroit que la tige des vis que vous emploierez.
3. Vissez l'applique.
4. Facultatif : tracez un colombin de scellant au silicone entre les bor-dures de l'applique et le support de la boîte aux lettres pour terminer avec une touche professionnelle.

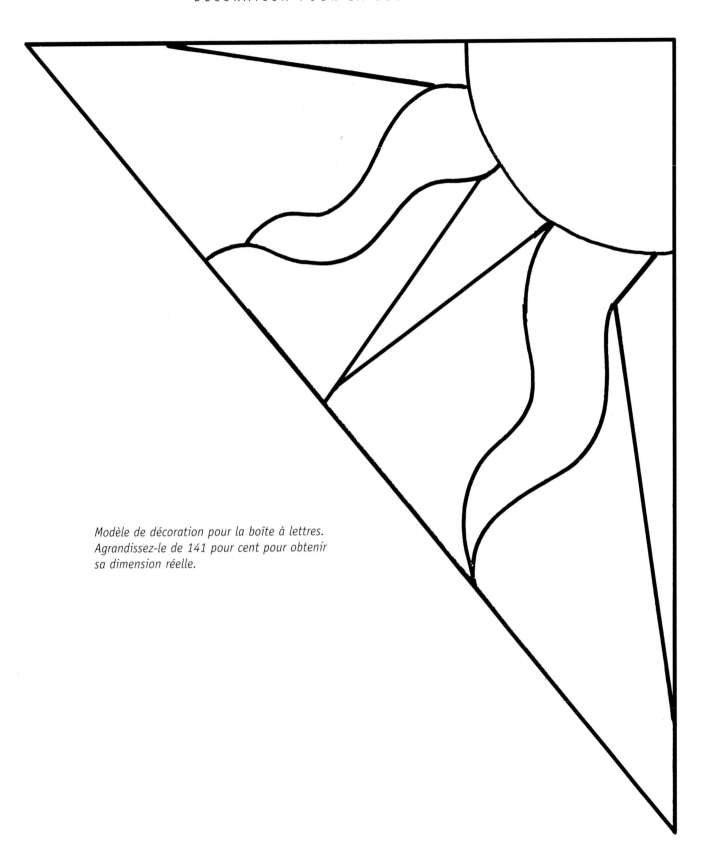

Modèle de décoration pour la boîte à lettres.
Agrandissez-le de 141 pour cent pour obtenir
sa dimension réelle.

PIERROT SUSPENDU

Accrochez ce pierrot à une fenêtre afin de créer un centre d'attraction amusant ou de camoufler un décor extérieur qui n'a rien d'enviable. Les rubans ajoutent de la couleur et une troisième dimension.

Dimensions : 35,5 cm²

Les indications se trouvent à la page 64.

FOURNITURES
Verre :
- Verre opalescent blanc, texturé ou ondulé, 61 cm² (pour la fraise)
- Verre opalescent ambré, 15 cm sur 20 cm (pour le visage)
- Verre cathédrale noir, 15 cm sur 20 cm (pour le bonnet et les yeux)
- Verre cathédrale rouge, 15 cm² (pour les plis de la fraise et la bouche)

Autres fournitures :
- Ruban de cuivre de 0,5 cm
- Brasure de 60/40
- Flux
- Fil de cuivre de calibre 12
- Patine noire
- Ruban ou monofilament (pour l'accrochage)
- Facultatif : rubans étroits rouge, noir et blanc

Outils :
- Outils et fournitures de base (cf. la liste en page 41)
- Pinces à bec demi-rond

ÉTAPE PAR ÉTAPE
Préparez, taillez et assemblez :
1. Prévoyez deux copies du modèle. Numérotez et inscrivez un code de couleur sur chacune. À l'aide de ciseaux pour modèles, découpez les gabarits à partir d'une copie codée.
2. Faites adhérer les gabarits aux morceaux de verre et taillez-les.
3. Poncez les bords de chacun des morceaux de verre pour qu'ils s'ajustent bien. Nettoyez le pourtour de chaque morceau.
4. Punaisez la seconde copie du modèle à votre planche de travail. Assemblez les morceaux de verre sur le modèle. Employez la meuleuse afin d'ajuster les morceaux ou d'en poncer les bords. Chaque morceau de verre doit correspondre au modèle.

Appliquez le ruban métallique et soudez :
1. Entourez chaque morceau de verre de ruban de cuivre.
2. Assujettissez les morceaux à votre planche de travail à l'aide de punaises.
3. Soudez par points les morceaux afin de les maintenir en place.
4. Soudez les morceaux en laissant couler une belle brasure lisse entre les bordures de cuivre intérieures. Retournez l'ensemble et soudez l'arrière.

Finition :
1. Formez des boucles à l'aide du fil de cuivre et soudez-les à l'endos du panneau.
2. Nettoyez le panneau avec de l'eau et du savon et laissez-le sécher.
3. Appliquez une patine noire en observant le mode d'emploi du fabricant.
4. Facultatif : décorez l'objet de nœuds de ruban fixés aux crochets de suspension.
5. Ajoutez un ruban ou un monofilament pour accrocher l'objet.

Modèle pour le pierrot suspendu. Agrandissez-le de 187 pour cent pour obtenir sa dimension réelle.

HORLOGE TOURNESOL

Afin de réaliser cette horloge, j'ai percé un trou au centre du cadran à l'aide d'un foret à diamant. Le mode d'emploi pour percer le verre est fourni. Si vous ne voulez pas forer un trou, découpez le centre du tournesol en quatre parts (voir les pointillés sur le modèle), entourez-les de ruban métallique et soudez-les ensemble avant d'entreprendre le reste. L'horloge est entourée d'un cadre octogonal de 38 cm que vous trouverez dans les boutiques spécialisées dans les matériaux de vitrail et le matériel d'artiste.

Dimensions : octogone de 35 cm.

Fournitures
Verre :
- Verre opalescent jaune de diverses teintes, 61 cm^2
- Verre opalescent vert, 46 cm^2
- Verre opalescent marron, 20,5 cm^2

Autres fournitures :
- Ruban métallique de 0,5 cm dont l'envers est noir
- Brasure de 60/40
- Flux
- Patine noire ou cuivrée
- Mouvement d'horlogerie doté d'aiguilles fonctionnant à pile
- Cadre de bois
- Scellant de silicone transparent
- Récipient de plastique de 23 cm de diamètre ou plus
- Éponge de cellulose

Outils :
- Outils et fournitures de base (cf. la liste en page 41)
- Foret à diamant de 0,5 cm (ou de la taille correspondant à l'axe des aiguilles de l'horloge)
- Perceuse électrique

ÉTAPE PAR ÉTAPE :
Préparez, taillez et assemblez :
1. Prévoyez deux copies du modèle. Numérotez et inscrivez un code de couleur sur chacune. À l'aide de ciseaux pour modèles, découpez les gabarits à partir d'une copie codée.
2. Faites adhérer les gabarits aux morceaux de verre et taillez-les.
3. Poncez les bords de chacun des morceaux de verre pour qu'ils s'ajustent bien. Nettoyez le pourtour de chaque morceau.

Percez le trou :
Vous feriez mieux de vous exercer sur du verre de rebut avant de percer la pièce centrale de l'horloge.
1. Pour éviter la surchauffe du verre pendant le forage, posez une éponge imbibée d'eau fraîche au fond d'un récipient de plastique, sur laquelle reposera le verre.
2. Marquez le centre du cercle de verre à l'aide d'un feutre. Posez le cercle de verre sur l'éponge humide. Versez dans le récipient suffisamment d'eau pour couvrir l'éponge et le verre sans que la surface de l'eau n'excède celle du verre de plus de 0,5 cm.
3. À l'aide d'une perceuse électrique dotée d'un foret à diamant, percez le verre à l'endroit indiqué.
4. Retirez le verre du récipient et asséchez-le.

Assemblez :
1. Punaisez la seconde copie du modèle à votre planche de travail. Assemblez les morceaux de verre sur le modèle.
2. Employez la meuleuse afin d'ajuster les morceaux ou d'en poncer les bords. Chaque morceau de verre doit correspondre au modèle.

Appliquez le ruban métallique et soudez :
1. Entourez chaque morceau de verre de ruban de cuivre.
2. Punaisez les morceaux à votre planche de travail.
3. Soudez par points les morceaux afin de les maintenir en place.
4. Soudez les morceaux en laissant couler une belle brasure lisse entre les bordures de cuivre intérieures et extérieures afin de renforcer l'ensemble.
5. Retournez et soudez l'arrière.

Finition :
1. Nettoyez l'horloge avec de l'eau et du savon. Laissez-la sécher.
2. Appliquez la patine en observant le mode d'emploi du fabricant.
3. Installez le mouvement d'horlogerie en observant le mode d'emploi du fabricant.
4. Fixez l'horloge au cadre de bois. Renforcez le tout à l'aide d'un colombin de silicone transparent.

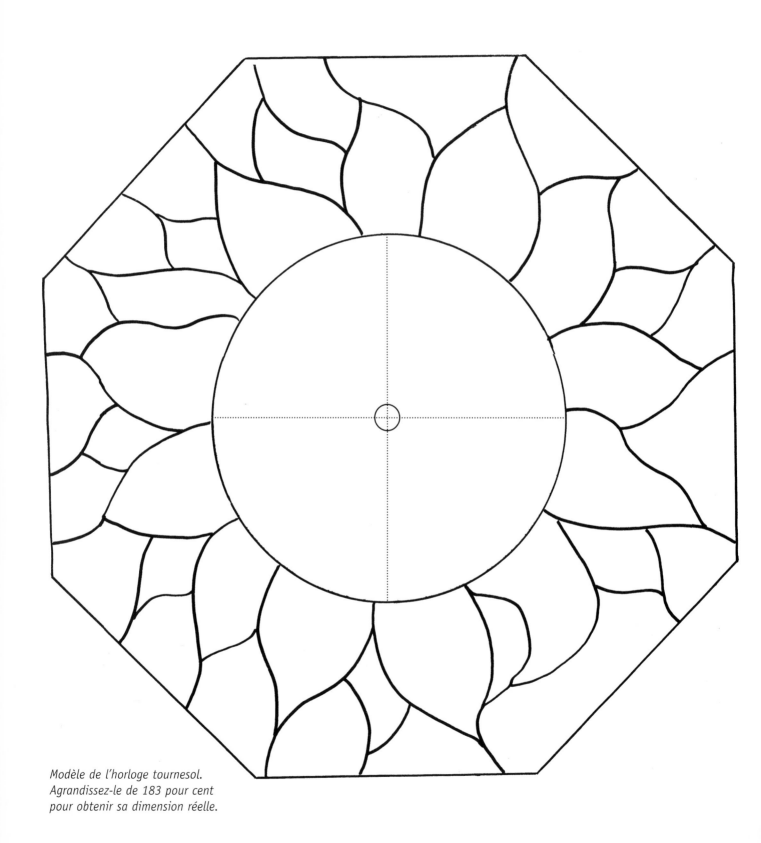

*Modèle de l'horloge tournesol.
Agrandissez-le de 183 pour cent
pour obtenir sa dimension réelle.*

Modèle du nichoir à l'oiseau bleu.
Dimension réelle.
Représenté en page 71.

Les autres modèles nécessaires se trouvent aux
pages 72 et 73.

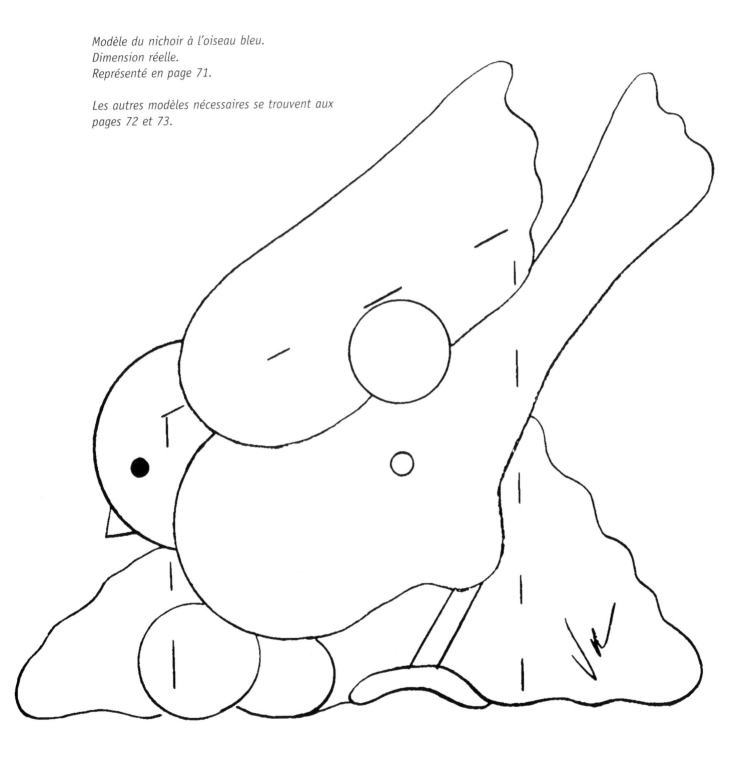

NICHOIR À L'OISEAU BLEU

Modèle en page 69.

Qu'on l'installe à l'extérieur ou à l'intérieur, ce nichoir est conçu à des fins décoratives seulement. Si vous souhaitez le suspendre, attachez une boucle de fil métallique à l'arrière du nichoir à environ 5 cm de son sommet. Vérifiez qu'il est en équilibre et ajustez le fil pour que le nichoir soit d'équerre.

Dimensions : 13 cm de profondeur sur 18 cm de hauteur sur 19 cm de largeur.

FOURNITURES
- Verre :
- Blanc, 12,5 cm sur 51 cm (pour le nichoir)
- Bleu, 20,5 cm² (pour l'oiseau)
- Bleu pâle, 7,5 cm² (pour les œufs)
- Vert, 10 cm sur 13 cm (pour l'herbe)

Autres fournitures :
- Ruban de cuivre de 0,5 cm
- 245 cm de languette rainurée de 0,25 cm
- Brasure de 60/40
- Flux

Outils :
- Outils et fournitures de base (cf. la liste en page 41)
- Encocheur

ÉTAPE PAR ÉTAPE

Préparez, taillez et assemblez :
1. Prévoyez deux copies du modèle. Numérotez et inscrivez un code de couleur sur chacun. À l'aide de ciseaux, découpez les gabarits à partir d'une copie codée.
2. Faites adhérer les gabarits aux morceaux de verre et taillez-les.
3. Poncez les bords de chacun des morceaux de verre pour qu'ils s'ajustent bien. Nettoyez le pourtour de chaque morceau.

Assemblez l'oiseau bleu :
1. Punaisez la seconde copie du modèle à votre planche de travail. Posez chaque morceau à sa place.
2. Si les morceaux de verre manquent de jeu ou s'ils s'ajustent mal, poncez leurs bords à l'aide d'une meuleuse. Chaque morceau de verre doit correspondre au modèle.

Appliquez le ruban métallique à l'oiseau bleu et soudez :
1. Entourez chaque morceau de verre de ruban de cuivre.
2. Punaisez les morceaux à votre planche de travail.
3. Soudez par points les morceaux afin de les maintenir en place.
4. Soudez les morceaux en laissant couler une belle brasure lisse entre les bordures de cuivre intérieures et extérieures.
5. Employez l'embout du fer à souder pour former une perle de brasure sur la bordure extérieure de l'oiseau assemblé.
6. Retournez l'ensemble et soudez l'arrière.

Encadrez et soudez le nichoir :
1. Mesurez la languette rainurée et entaillez-la à l'aide d'un encocheur ou d'une pince à plomb pour qu'elle entoure chaque morceau du nichoir.
2. Entourez chaque morceau de verre de la baguette en forme de U et soudez par points les joints.
3. Pour assembler le nichoir, posez le sol sur votre planche de travail. Mettez en place l'un des côtés, puis l'autre et soudez-les par points à la base.
4. Posez l'arrière du nichoir sur le sol, entre les deux faces latérales et soudez-les par points. Les morceaux doivent se rencontrer le long de la bordure supérieure.
5. Posez le toit du nichoir comme on l'indique à la figure n° 1. Le toit doit affleurer la bordure supérieure du côté A et dépasser le côté B d'environ 0,5 cm. Soudez-le par points pour le maintenir en place.

Finition :
1. Nettoyez le nichoir avec de l'eau et du savon.
2. Fixez la façade (l'oiseau bleu) au nichoir en posant une brasure là où le ruban métallique touche la languette de zinc.
3. Nettoyez tout résidu de flux qui resterait.

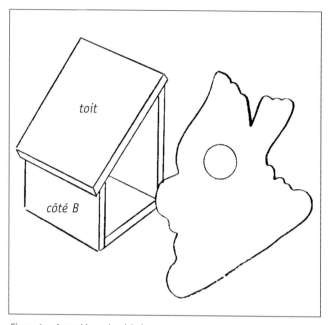

Figure 1 – *Assemblage du nichoir.*

côté A
12,5 cm²

toit
12,5 cm²

sol
9 cm x 13 cm

côté B
7,5 cm x 12,5 cm

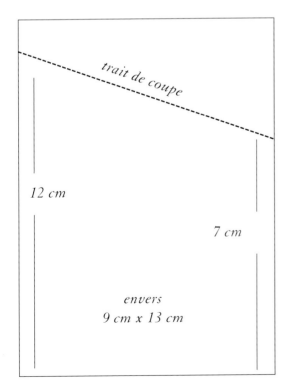

trait de coupe

12 cm

7 cm

envers
9 cm x 13 cm

Modèle pour les côtés, le toit, l'arrière et le sol du nichoir à l'oiseau bleu. Dimensions réelles indiquées. Agrandissez-le de 127 pour cent pour obtenir sa dimension réelle.

DANSEUSES EN CHANDELIERS

Ces chandeliers doivent leur structure à une barre d'armature en zinc que l'on courbe facilement à l'aide des mains. Un anneau forme la base de chaque chandelier et un autre anneau retient le bougeoir dans lequel vous poserez un lampion. Pour ce projet, j'ai employé du verre dit spectrum baroque en raison de ses rayures hardies. Leur forme abstraite rappelle des femmes gracieuses portant une offrande au-dessus de leur tête.

Dimensions : 35,5 cm de haut.

FOURNITURES

Verre :
- Spectrum baroque, 25,5 cm^2
- 2 grandes pépites de verre

Autres fournitures :
- Ruban de cuivre de 0,5 cm dont l'envers est noir
- 4 bandes de barre d'armature en zinc faisant 41 cm chacune
- 4 anneaux de laiton de 6,5 cm de diamètre
- 5 cm de fil de cuivre de calibre 12
- Brasure de 60/40
- Flux
- Patine noire
- 2 bougeoirs à lampion
- Feutre rouge
- Colle de bijouterie

Outils :
- Outils et fournitures de base (cf. la liste en page 41)
- Planche de travail en bois
- Clous
- Marteau
- Pinces à bec demi-rond

ÉTAPE PAR ÉTAPE :

Façonnez les barres d'armature :
1. À l'aide d'adhésif, collez votre modèle à une planche de travail en bois. Courbez les barres d'armature pour qu'elles correspondent le plus possible au modèle. Employez les clous pour les maintenir à mesure que vous progressez.
2. Tracez le contour des barres d'armature sur le modèle à l'aide du feutre rouge. Le cas échéant, modifiez le modèle pour qu'il corresponde à la forme des barres.

Préparez, taillez et assemblez :
1. Faites deux copies du modèle retouché. À l'aide de ciseaux, découpez l'une des copies.
2. Faites adhérer le modèle sur les morceaux de verre en veillant à ce que les ondulations du verre simulent les plis d'une tunique. Taillez chacun des morceaux.
3. Poncez les bords de chaque morceau de verre de manière à ce qu'il corresponde à son modèle. Nettoyez tous les bords.
4. Punaisez le modèle sur votre planche de travail. Disposez les morceaux de verre à proximité des barres courbées. Vérifiez que les bords des morceaux de verre touchent les barres sur toute leur longueur des deux côtés. Poncez à l'aide de toile d'émeri, le cas échéant.

Appliquez le ruban métallique et soudez :
1. Entourez chaque morceau de verre de ruban de cuivre.
2. Assujettissez les morceaux à l'aide de punaises ou de clous.
3. Soudez par points les morceaux afin de les maintenir en place.
4. Soudez les morceaux en laissant couler une belle brasure sur toutes les lignes de soudure.
5. Retournez l'ensemble et soudez l'arrière.

Finition :
1. Taillez deux longueurs de 1 cm de fil de cuivre qui tiendront lieu de cous et soudez-les.
2. Étamez de brasure les quatre anneaux de laiton. Pour ce faire, appliquez du flux sur le métal et enduisez-le d'une fine couche de brasure. (Ainsi, les anneaux pourront recevoir la patine noire afin de s'harmoniser à l'ensemble.)
3. Pour fixer un anneau étamé à la base de chaque chandelier, posez-le sur votre planche de travail et déposez le chandelier à l'intérieur de l'anneau. Soudez par points l'envers du chandelier à la bordure de l'anneau comme on le voit sur le modèle. Vérifiez que l'anneau et le chandelier sont de niveau.
4. Pour fixer l'anneau du dessus, posez le chandelier à la verticale et tenez l'anneau étamé à l'aide des pinces à bec demi-rond. Vérifiez

que l'anneau est de niveau et qu'il touche les deux barres de zinc. Soudez-les par points.

Mise en garde: le laiton transmet rapidement la chaleur. Ne tenez pas les anneaux à l'aide de vos doigts car vous vous brûleriez.

5. Vérifiez que l'anneau et le bougeoir sont solidement fixés et qu'ils sont de niveau. Ajustez-les, le cas échéant.

6. Avec de la colle de bijouterie, collez les pépites de verre sur les tiges qui simulent les cous.

7. Nettoyez les chandeliers avec de l'eau et du savon. Laissez-les sécher.

8. Appliquez la patine noire.

*Agrandissez-le de 170 pour cent
pour obtenir sa dimension réelle.
Voyez les indications en page 74.*

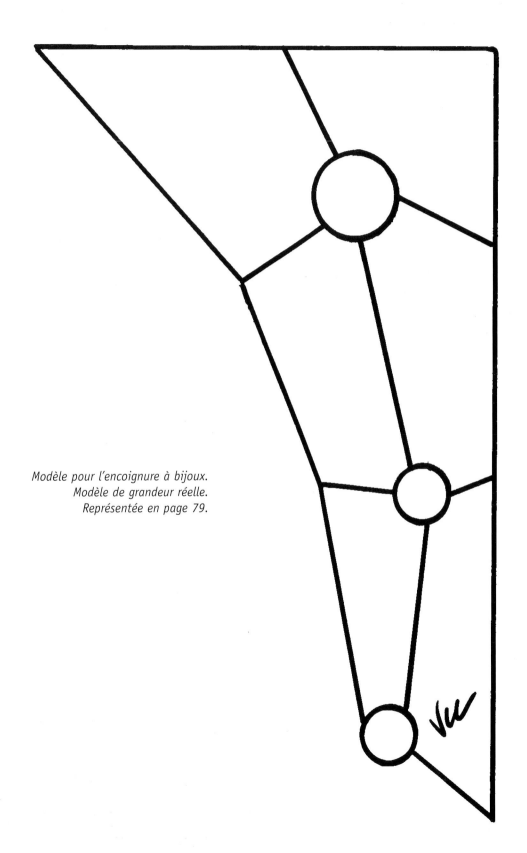

Modèle pour l'encoignure à bijoux.
Modèle de grandeur réelle.
Représentée en page 79.

DÉCORATIONS POUR PORTES ET FENÊTRES

Ces décorations agrémenteront vos portes et porte-fenêtres. Vous pouvez les fixer à l'intérieur autant qu'à l'extérieur. Je vous propose quelques motifs, dont des roses toutes simples, une composition libre réalisée avec des pépites et des bijoux fantaisie, ainsi qu'une forme réalisée avec des morceaux de verre biseauté qui n'exige aucune taille ni aucun modèle. Le meilleur conseil que je puisse vous donner est de faire en sorte que chaque angle soit exactement de 90 degrés afin que chaque décoration s'adapte parfaitement au cadre d'une porte ou d'un carreau de verre.

Dimensions : 12,5 cm sur 20,5 cm.

FOURNITURES

Verre :
Pour la rose :
- Rose pâle opalescent, 12,5 cm sur 20,5 cm (pour l'arrière-plan)
- Rose opalescent, 12,5 cm sur 15,5 cm (pour la rose)
- Vert, 12,5 cm sur 15,5 cm (pour les feuilles)

Pour les bijoux :
- Verre cathédrale jaune, 20,5 cm^2
- 3 pépites ou bijoux de verre

Pour le motif art nouveau :
- Carrés : 1 de 5 cm^2, 1 de 2,5 cm^2
- Rectangles : 1 de 2,5 cm sur 5 cm, 1 de 2,5 cm sur 7,5 cm, 1 de 2,5 cm sur 10 cm et 1 de 2,5 cm sur 12,5 cm

Autres fournitures :
- Ruban de cuivre de 0,5 cm
- Brasure de 60/40
- Flux
- 33 cm de languette rainurée, en laiton ou en cuivre pour chaque morceau
- Facultatif : patine
- Facultatif : adhésif en silicone transparent, ruban adhésif entoilé, boucles métalliques, petites vis (cf. *Installation*, ci-dessous)

Outils :
- Outils et fournitures de base (cf. la liste en page 41)
- Encocheur
- Facultatif : une perceuse électrique et des forets (cf. *Installation*, à la page 82)

ÉTAPE PAR ÉTAPE

Préparez et taillez :
Les indications qui suivent ne valent que pour les modèles de la rose et des bijoux. Le modèle art nouveau se passe de modèle et de taille.

1. Prévoyez deux copies du modèle. Numérotez et inscrivez un code de couleur sur chacune. À l'aide de ciseaux pour modèles, découpez les gabarits à partir d'une copie codée.
2. Faites adhérer les gabarits aux morceaux de verre et taillez-les.
3. Poncez les bords de chacun des morceaux de verre pour qu'ils s'ajustent bien. Nettoyez le pourtour de chaque morceau.
4. Punaisez la seconde copie du modèle à votre planche de travail. Posez chaque morceau à l'endroit opportun. Si les morceaux de verre manquent de jeu ou s'ils s'ajustent mal, poncez leurs bords à l'aide d'une meuleuse. Chaque morceau de verre doit correspondre au modèle.

Appliquez le ruban métallique et soudez :
1. Entourez chaque morceau de verre de ruban de cuivre.
2. Assujettissez les morceaux sur votre planche de travail à l'aide de punaises et de bandes de bois de manière à former un angle de 90 degrés.
3. Soudez par points les morceaux afin de les maintenir en place.
4. Soudez les morceaux en laissant couler une belle brasure lisse entre les bordures de cuivre intérieures. Il n'est pas utile de souder les bordures extérieures qui forment l'angle de 90 degrés. La brasure du bord doit être lisse afin que la languette rainurée coulisse sans difficulté.

À droite : encoignure en bijoux fantaisie montée sur un miroir.

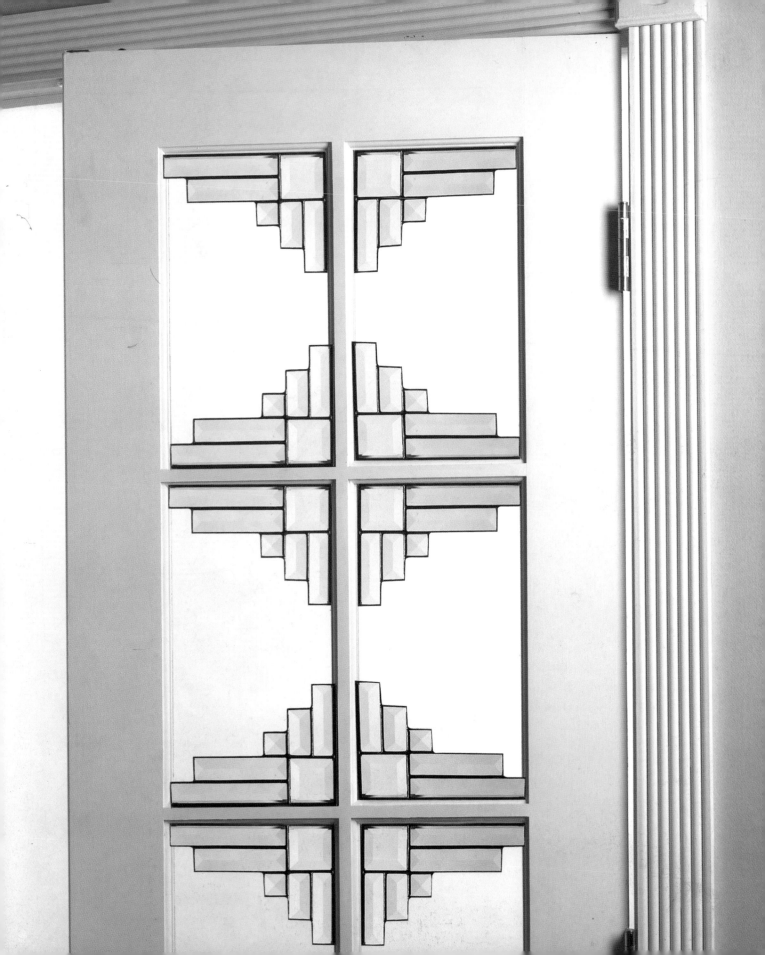

Suite de la page 78.

5. Retournez l'ensemble et soudez l'arrière.

Encadrement et finition :

1. Mesurez la languette rainurée et, à l'aide d'un encocheur ou de pinces à plomb, entaillez-la afin d'encadrer les faces qui forment l'angle de 90 degrés.

2. Faites glissez la languette sur les faces en question et soudez les joints à chaque extrémité.

3. Nettoyez l'encoignure avec de l'eau et du savon. Laissez sécher.

4. Facultatif : appliquez une patine.

Installation :

Première possibilité :

1. Assujettissez l'encoignure dans l'angle d'une fenêtre à l'aide d'adhésif entoilé.

2. Déposez un fin colombin de silicone transparent là où le verre touche la moulure de bois. Laissez durcir pendant 24 heures. Retirez l'adhésif.

Deuxième possibilité :

1. Soudez de petites boucles métalliques sur les bordures supérieure et inférieure formées par la languette rainurée.

2. Forez de petits trous dans la moulure de bois (pour éviter de fendre le bois) et fixez l'encoignure à l'aide de petites vis qui s'enfonceront dans le bois.

Modèle de l'encoignure à la rose.
Grandeur réelle.
Représentée en page 80.

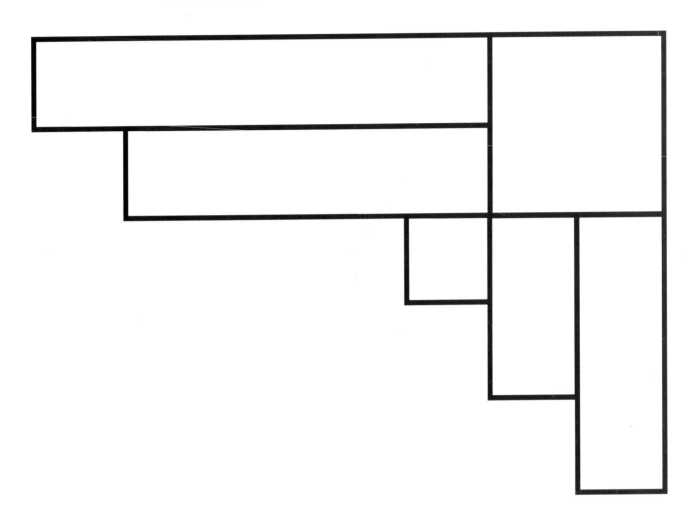

Modèle de l'encoignure art nouveau.
Grandeur réelle.
Représentée en page 81.

ENCOIGNURE AUX FLEURS D'ORANGER

Vous pouvez réaliser ce projet en simple ou en double. Les fournitures dont j'ai dressé la liste sont pour une seule encoignure. Afin d'en confectionner une paire, retournez le modèle sur une table lumineuse et décalquez-le ainsi inversé. Si vous le souhaitez, variez quelque peu le second modèle en modifiant certains éléments. Dessiner son propre modèle est plus facile qu'on le croit. Étant donné que ce projet est plus complexe que les précédents, il vous faudra peut-être plusieurs après-midi pour le mener à terme.

Dimensions : 54,5 cm sur 45,5 cm.

Les indications se trouvent à la page 86.

Suite de la page 84.

FOURNITURES

Verre :

- Vert, opalescent et cathédrale, 61 cm^2 (Vous auriez avantage à employer plusieurs nuances de vert.)
- Orange vif, cathédrale, 61 cm^2
- Orange moyen, opalescent, 61 cm^2
- Blanc, opalescent, 61 cm^2
- 2 pépites jaunes
- Translucide, cathédrale, 61 cm^2

Autres fournitures :

- Ruban de cuivre de 0,5 cm
- Brasure de 60/40
- Flux
- 3 languettes rainurées en zinc de 1 cm de 15 cm de long
- 2 crochets de 0,5 cm
- 2 vis pour le bois
- Patine noire
- Patine cuivrée
- Facultatif : adhésif au silicone transparent

Outils :

- Outils et fournitures de base (cf. la liste en page 41)
- Scie à métaux dotée d'une lame pour le zinc
- Pinces à bec demi-rond

ÉTAPE PAR ÉTAPE

Préparez et taillez :

1. Prévoyez deux copies du modèle. Numérotez et inscrivez un code de couleur sur chacune. À l'aide de ciseaux pour modèles, découpez les gabarits à partir d'une copie codée.
2. Faites adhérer les gabarits aux morceaux de verre et taillez-les.
3. Poncez les bords de chacun des morceaux de verre pour qu'ils s'a-justent bien. Nettoyez le pourtour de chaque morceau.
4. Punaisez la seconde copie du modèle à votre planche de travail. Posez chaque morceau à sa place. Si les morceaux de verre manquent de jeu ou s'ils s'ajustent mal, poncez leurs bords à l'aide d'une meuleuse. Chaque morceau de verre doit correspondre au modèle.

Appliquez le ruban métallique et soudez :

1. Entourez chaque morceau de verre de ruban de cuivre.
2. Assujettissez les morceaux à votre planche de travail à l'aide de punaises et de bandes de bois.
3. Soudez par points les morceaux afin de les maintenir en place.
4. Soudez les morceaux en laissant couler une belle brasure lisse entre les bordures de cuivre intérieures. Il n'est pas utile de souder les bordures droites. La brasure du bord doit être lisse afin que la languette de zinc coulisse sans difficulté.
5. Retournez l'ensemble et soudez l'arrière.

Encadrement et finition :

1. À l'aide d'une scie à métaux, taillez deux longueurs de languette de zinc, l'une de 53,5 cm, l'autre de 45,5 cm. Un conseil : votre ouvrage aura meilleure allure si vous taillez à onglet les angles où les languettes se touchent. Si vous décidiez de ne pas les tailler à onglet, ajoutez 1 cm à chacune des languettes pour les replier.

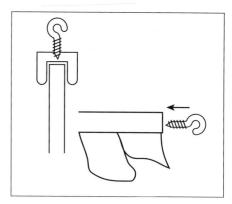

Figure 1 – Fixation des crochets.

2. Soudez la languette de zinc au panneau à chaque endroit où une ligne de ruban métallique touche la baguette. Retournez le panneau et soudez son envers, là où les lignes de ruban métallique touchent la languette.
3. Vissez un crochet à l'arrière du panneau. Voyez la figure 1. Tenez-le à l'aide de pinces à bec demi-rond et soudez-le. Ajoutez un second crochet à la bordure supérieure.
4. Nettoyez le panneau avec de l'eau et du savon. Laissez-le sécher.
5. Appliquez une patine noire sur les lignes formées par le ruban métallique et une patine cuivrée sur la languette de zinc en observant le mode d'emploi du fabricant. (La patine cuivrée noircira la languette de zinc.)

Installation :

Insérez une vis pour le bois dans le crochet et vissez-la à la moulure en bois. Ajoutez une perle de silicone transparent dans le coin supérieur pour assurer plus de stabilité.

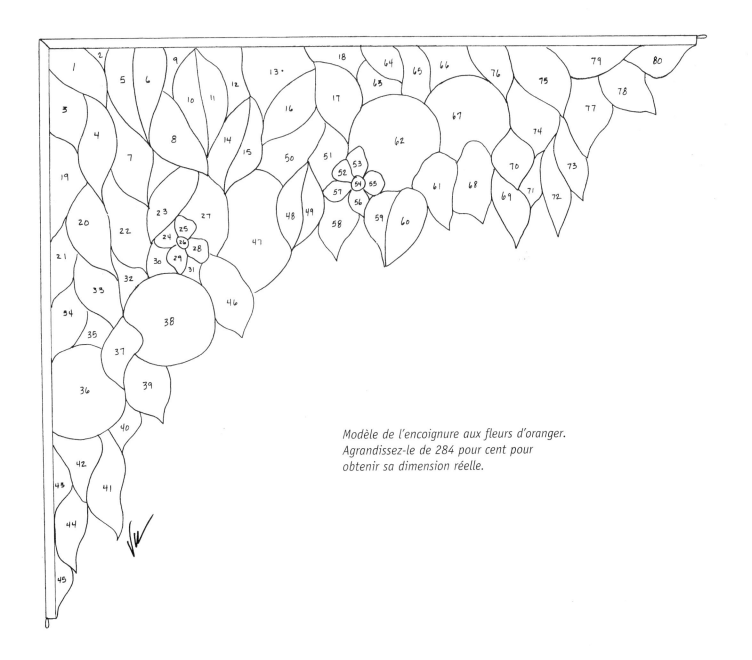

*Modèle de l'encoignure aux fleurs d'oranger.
Agrandissez-le de 284 pour cent pour
obtenir sa dimension réelle.*

CLOCHES DE JARDIN

Traditionnellement, on posait ces cloches au jardin afin de protéger les jeunes plants contre les intempéries. Ces cloches hexagonales, proposées en deux dimensions, sont taillées dans du verre transparent. Chaque morceau de verre est entouré de languette de laiton rainurée, après que les pièces sont assemblées et soudées. On emploie des perles de verre pour en décorer le dôme à la manière d'un capuchon. Elles sont si jolies qu'elles font de beaux accessoires de décoration à l'intérieur autant qu'à l'extérieur.

Grand format : 33 cm sur 19 cm.
Petit format : 18 cm sur 14 cm.

FOURNITURES
Verre :
Pour la petite cloche :
• Transparent ou texturé, 23 cm sur 76 cm
• Facultatif : perles de verre

Pour la grande cloche :
• Transparent ou texturé, 35,5 cm sur 96,5 cm
• Facultatif : perles de verre

Autres fournitures :
• Petite cloche – 5,5 m de languette de laiton rainurée de 0,5 cm
• Grande cloche – 7,5 m de languette de laiton rainurée de 0,5 cm
• Brasure de 50/50 ou de 60/40
• Flux
• Stylo de peinture couleur or (pour colorer les joints)
• Ruban masque
• Facultatif : fil de laiton de calibre 18 (pour tenir les perles)

Outils :
• Outils et fournitures de base (cf. la liste en page 41)
• encocheur

Suite à la page 90.

Suite de la page 88.

ÉTAPES DE FABRICATION D'UNE CLOCHE DE JARDIN DE N'IMPORTE QUELLE DIMENSION

Taillez:

1. Faites adhérer au verre les modèles qui constitueront le toit et taillez-les.

2. Taillez les parois latérales. Pour la petite cloche, taillez six morceaux faisant 7,5 cm sur 12,5 cm chacun. Pour la grande cloche, taillez six morceaux faisant 10 cm sur 20,5 cm.

Entourez-les de languettes de laiton et soudez-les:

1. Mesurez la languette rainurée et, à l'aide d'un encocheur ou de pinces à plomb, entaillez-la afin d'encadrer chacun des morceaux de verre. Soudez le joint formant un angle afin d'assujettir la languette. Vous avez désormais 12 morceaux de verre encadrés de languette de zinc, 6 qui constitueront les parois latérales et 6 autres qui formeront le toit.

2. Disposez les parois latérales à l'envers sur votre planche de travail. Vérifiez que les bords inférieurs et supérieurs sont bien alignés. Reliez-les avec du ruban masque posé en droite ligne pour que les morceaux soient côte à côte.

3. Soulevez les six parois latérales ainsi reliées comme si elles for-

maient un monolithe et formez un hexagone en vous reportant au modèle. Cf. la figure 1.

4. Renforcez les bords supérieurs en les soudant par points là où ils se touchent. Faites tourner précautionneusement la cloche de manière à l'inverser. (À cette étape, elle aura encore quelque flexibilité.) Ajustez les parois latérales afin de former un bel hexagone en vous reportant encore une fois au modèle. Renforcez les angles avec de la brasure.

5. Disposez les morceaux qui constitueront le toit en posant leur partie extérieure contre votre plancage de travail. Alignez les bords de ces morceaux de sorte qu'ils forment une ligne continue. Assujettissez-les avec du ruban masque posé en droite ligne, de sorte que les morceaux soient côte à côte.

6. Soulevez les morceaux du toit comme vous l'avez fait des parois latérales et façonnez un hexagone. Faites un point de soudure à chaque angle.

7. Posez le toit sur le tronc de la cloche et vérifiez qu'ils sont bien arrimés. Renforcez-les avec de la brasure. Cf. la figure 2.

8. Retournez la cloche. Soudez les joints à l'intérieur du toit et des parois latérales pour procurer une meilleure stabilité.

Finition:

1. Facultatif: afin de décorer le sommet de la cloche, enfilez des perles de verre sur un fil de métal et insérez l'extrémité de ce fil dans une ligne de soudure sur le sommet du toit. Fixez-le en posant quelques points de soudure à l'intérieur.

2. Nettoyez la cloche avec de l'eau et du savon. Laissez-la sécher.

3. Peignez les joints avec de la peinture dorée, de sorte que les lignes de soudure se marient à la languette de laiton.

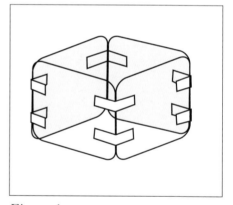

Figure 1

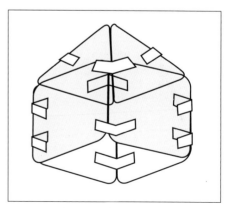

Figure 2

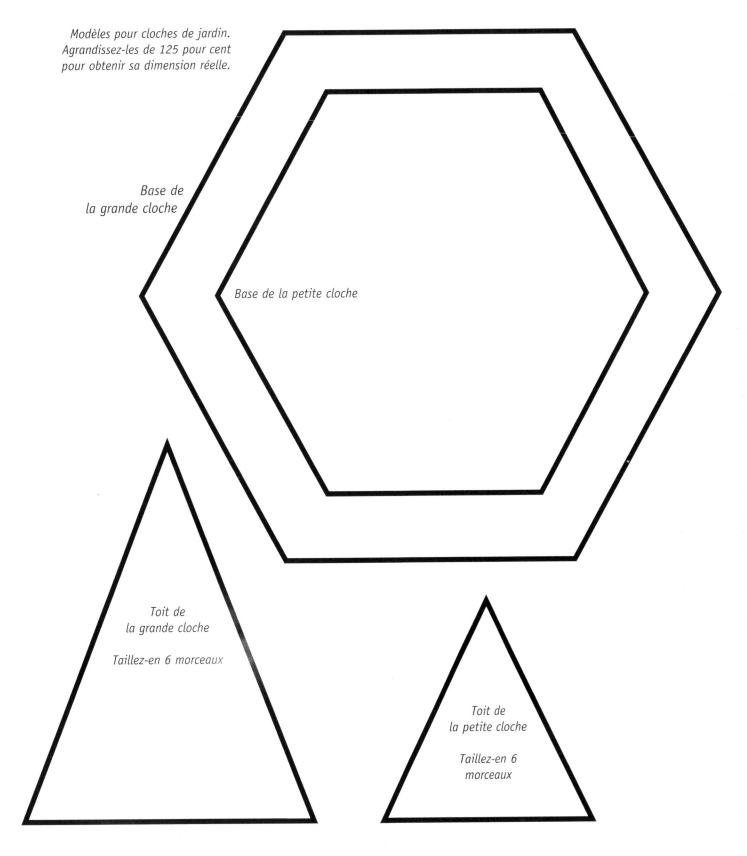

Modèles pour cloches de jardin.
Agrandissez-les de 125 pour cent
pour obtenir sa dimension réelle.

Base de
la grande cloche

Base de la petite cloche

Toit de
la grande cloche

Taillez-en 6 morceaux

Toit de
la petite cloche

Taillez-en 6
morceaux

LANTERNES CUBIQUES

Ces lanternes font de merveilleux cadeaux! Ce projet repose sur peu de travail en ce qui a trait à la taille et au modèle. On peut se procurer du verre biseauté en une grande variété de dimensions. Il vous suffira de tailler un morceau de miroir pour réaliser la base de la lanterne.
Vous pouvez varier la taille des lanternes en employant des morceaux de verre biseauté de différentes dimensions et les fabriquer à partir de verre de textures ou de couleurs différentes.

Dimensions : 10 cm X 10 cm.

FOURNITURES
Verre :
- 4 morceaux de verre biseauté, 10 cm^2
- Miroir, 0,25 cm d'épaisseur, 10 cm^2 (pour la base)

Autres fournitures :
- Ruban de cuivre de 0,5 cm dont l'envers est noir
- Brasure de 60/40
- Flux
- Patine noire

Outils :
- Outils et fournitures de base (cf. la liste en page 41)

ÉTAPE PAR ÉTAPE
Appliquez le ruban métallique et soudez :
1. Entourez chaque morceau de verre de ruban de cuivre.
2. Assemblez les parois du cube et soudez-les par points.
3. Vérifiez que le miroir loge à l'intérieur du cube. Retirez le miroir. Entourez-le de ruban de cuivre.
4. Remplacez le miroir au fond du cube. Soudez-le par points.
5. Faites couler une brasure lisse sur toutes les lignes de soudure intérieures et extérieures.

Finition :
1. Nettoyez la lanterne avec de l'eau et du savon. Laissez-la sécher.
2. Appliquez une patine noire.

ENSEIGNE DE BIENVENUE INSPIRÉE DE LA BANNIÈRE ÉTOILÉE

Modèle en page 100.

Cette enseigne allie le bleu, le blanc et le rouge. On peut l'accrocher à l'aide d'un monofilament ou d'une barre d'armature et d'un fil métallique. Les indications sur la fabrication des boucles d'accrochage se trouvent à la page 98.

Dimensions : cercle de 25,5 cm de diamètre.

FOURNITURES
Verre :
- Blanc opalescent, 30,5 cm^2
- Rouge cathédrale, 30,5 cm^2
- Bleu cathédrale, 30,5 cm^2

Autres fournitures :
- Ruban de cuivre de 0,5 cm
- Brasure de 60/40
- Flux
- 1,85 m de languette rainurée en zinc de 0,25 cm
- Fil de cuivre de calibre 12

Outils :
- Outils et fournitures de base (cf. la liste en page 41)

ÉTAPE PAR ÉTAPE
Préparez, taillez et assemblez :
1. Prévoyez deux copies du modèle. Numérotez et inscrivez un code de couleur sur chacune. À l'aide de ciseaux pour modèles, découpez les gabarits à partir d'une copie codée.
2. Faites adhérer les gabarits aux morceaux de verre et taillez-les.
3. Poncez les bords de chacun des morceaux de verre pour qu'ils s'a-justent bien. Nettoyez le pourtour de chaque morceau.
4. Punaisez la seconde copie du modèle à votre planche de travail. Posez chaque morceau à sa place. Si les morceaux de verre manquent de jeu ou s'ils s'ajustent mal, poncez leurs bords à l'aide d'une meuleuse. Chaque morceau de verre doit correspondre au modèle.

Appliquez le ruban métallique et soudez :
1. Entourez chaque morceau de verre de ruban de cuivre.
2. Punaisez les morceaux à votre planche de travail.
3. Soudez-les par points.
4. Soudez les morceaux en laissant couler une belle brasure lisse entre les bordures de cuivre intérieures. Il n'est pas utile de souder les bordures extérieures. La brasure du bord doit être lisse afin que la languette de zinc coulisse sans difficulté.
5. Retournez l'ensemble et soudez l'arrière.

Encadrement et finition :
1. Mesurez la languette rainurée et à l'aide d'un encocheur ou d'une pince à plomb, entaillez-la pour qu'elle entoure le cercle de verre.
2. Passez la languette autour du cercle. Soudez là où le ruban métallique touche le cadre.
3. Fixez des boucles de fil de cuivre à la bordure supérieure du panneau, de manière à ce qu'elles soient alignées avec le porte-enseigne.
4. Nettoyez l'enseigne avec de l'eau et du savon. Laissez-la sécher.
5. Appliquez une patine noire selon le mode d'emploi du fabricant.
6. Fixez l'enseigne au porte-enseigne à l'aide de fil métallique.

ENSEIGNE DE HALLOWEEN

Modèle en page 101

Accueillez les petits monstres venus quêter une frian-dise ou une bêtise à votre porte le soir de Halloween avec ce potiron invitant. On peut l'accrocher à l'aide d'un monofilament ou d'une barre d'armature et d'un fil métallique. Les indications sur la fabrication des boucles d'accrochage se trouvent à la page 98.

Dimensions : cercle de 25,5 cm de diamètre.

FOURNITURES
Verre :
- Noir irisé, 25,5 cm sur 20,5 cm (pour le chapeau)
- Verre cathédrale mauve ou bleu foncé, 15 cm sur 20 cm (pour le ciel)
- Vert opalescent, 10 cm sur 8 cm (pour le ruban du chapeau)
- Orange opalescent, 25,5 cm^2 (pour le potiron)
- Verre cathédrale jaune, 15 cm sur 20 cm (pour les yeux, le nez et la bouche)

Autres fournitures :
- Ruban de cuivre de 0,25 cm
- Brasure de 60/40
- Flux
- 1,85 m de languette rainurée en zinc de 0,25 cm
- Patine noire
- Fil de cuivre

Outils :
- Outils et fournitures de base (cf. la liste en page 41)

Suite à la page 98.

Suite de la page 96.

ÉTAPE PAR ÉTAPE

Préparez et taillez :

1. Prévoyez deux copies du modèle. Numérotez et inscrivez un code de couleur sur chacune. À l'aide de ciseaux pour modèles, découpez les gabarits à partir d'une copie codée.

2. Faites adhérer les gabarits aux morceaux de verre et taillez-les.

3. Poncez les bords de chacun des morceaux de verre pour qu'ils s'ajustent bien. Nettoyez le pourtour de chaque morceau.

4. Punaisez la seconde copie du modèle à votre planche de travail. Posez chaque morceau à sa place. Si les morceaux de verre manquent de jeu ou s'ils s'ajustent mal, poncez leurs bords à l'aide d'une meuleuse.

Appliquez le ruban métallique et soudez :

1. Entourez chaque morceau de verre de ruban de cuivre.

2. Assujettissez les morceaux à votre planche de travail à l'aide de punaises et de bandes de bois.

3. Soudez par points les morceaux afin de les maintenir en place.

4. Soudez les morceaux en laissant couler une belle brasure lisse entre les bordures de cuivre intérieures. Il n'est pas utile de souder les bordures droites. La brasure du bord doit être lisse afin que la languette de zinc coulisse sans difficulté.

5. Retournez l'ensemble et soudez l'arrière.

Encadrement et finition :

1. Mesurez la languette rainurée et à l'aide d'un encocheur ou d'une pince à plomb, entaillez-la pour qu'elle entoure le cercle de verre.

2. Passez la languette autour du cercle. Soudez là où le ruban métallique touche le cadre.

3. Fixez des boucles de fil de cuivre à la bordure supérieure du panneau, de manière à ce qu'elles soient alignées avec le porte-enseigne.

4. Nettoyez l'enseigne avec de l'eau et du savon. Laissez sécher.

5. Appliquez une patine noire selon le mode d'emploi du fabricant.

6. Fixez l'enseigne au porte-enseigne à l'aide de fil métallique.

FOURNITURES

- Fil torsadé de calibre 9
- Barre d'armature, 30,5 cm
- Fil de cuivre
- Peinture noire en aérosol

ÉTAPE PAR ÉTAPE

1. Copiez le modèle et punaisez-le à votre planche de travail.

2. À l'aide d'un fil torsadé de calibre 9, tracez le mot « bienvenue » et punaisez-le pour qu'il tienne en place.

3. Courbez la barre d'armature de façon à modeler un arc. Punaisez-la sous le mot « bienvenue ».

4. Soudez les deux éléments là où les lettres touchent le trait de soulignement.

5. À l'aide du fil de cuivre, formez des boucles de suspension. Soudez-les au trait de soulignement.

6. Pulvérisez de la peinture noire en aérosol et laissez-la sécher.

FABRICATION DE L'ENSEIGNE DE BIENVENUE

*Modèle de l'enseigne de bienvenue.
Agrandissez-le de 200 pour cent
pour obtenir sa dimension réelle.*

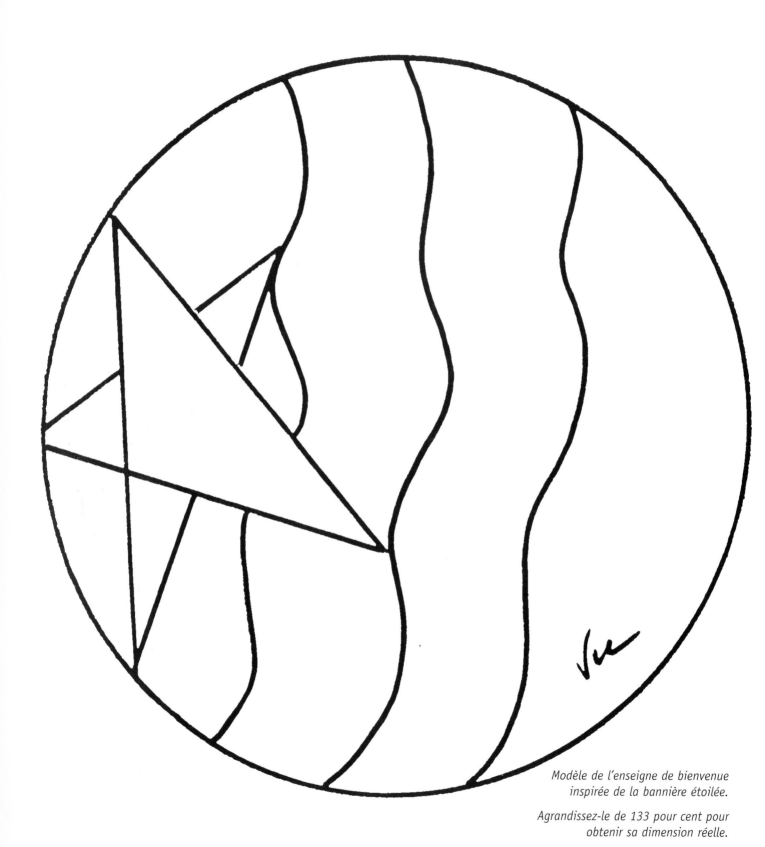

*Modèle de l'enseigne de bienvenue
inspirée de la bannière étoilée.*

*Agrandissez-le de 133 pour cent pour
obtenir sa dimension réelle.*

*Modèle de l'enseigne de Halloween.
Agrandissez-le de 133 pour cent pour
obtenir sa dimension réelle.*

INDICATIONS SUR LA FABRICATION DES COFFRETS

Dès que vous aurez maîtrisé cette technique simple, vous serez en mesure de fabriquer tous les types de boîtes et coffrets que vous voudrez. Aucun modèle n'est nécessaire, sauf si vous souhaitez fabriquer un coffret dont le dessus comporte plusieurs éléments.

Cette esquisse servant au découpage (cf. la figure 1) fait en sorte que le grain du verre puisse couler sans interruption sur la façade du coffret, sa partie supérieure et jusqu'à l'arrière. Si l'esquisse vous semble bizarre, patientez encore; sa raison d'être vous apparaîtra lorsque vous assemblerez le coffret et le résultat vous ravira.

Légende :

DFB	Dessus de la face B
FFB	Fond de la face B
DFA	Dessus de la face A
FFA	Fond de la face A
FA	Fond de l'arrière
AS	Arrière supérieur
DA	Dessus de l'arrière
DF	Dessus de la façade
FS	Façade supérieure
FI	Façade inférieure

Figure 1 – Esquisse de découpage.

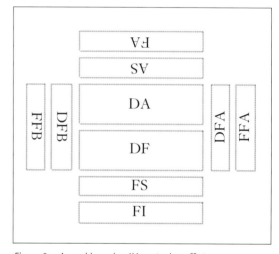

Figure 2 – Assemblage des éléments du coffret.

Figure 3 – Emboîtement des éléments. Les faces les plus longues (façade et arrière) sont logées à l'intérieur des faces les plus courtes.

La taille et l'assemblage d'un coffret

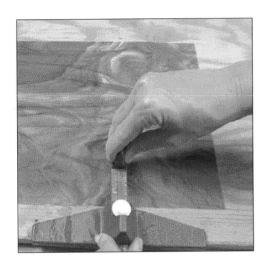

1. Taillez les morceaux de verre à l'aide d'une machine à couper en bandes. Si vous n'avez jamais employé cette machine, exercez-vous sur du verre de rebut avant de procéder sur le verre réservé à ce projet.

2. Entourez chaque morceau de verre de ruban de cuivre. Assemblez et soudez le dessus du coffret. Assemblez les parois latérales et soudez les angles afin d'assurer la stabilité de l'ensemble.

3. Les éléments constituant le coffret sont prêts à l'assemblage final.

COFFRET
AUX COQUILLAGES

Le couvercle de ce coffret est constitué de deux morceaux de verre en prévision de la ligne de soudure à laquelle seront fixés les coquillages. Les indications sont livrées en fonction de l'emploi d'une machine à couper en bandes. Si vous n'employez pas cet appareil, servez-vous d'une règle et d'un coupe-verre.

Dimensions : 10 cm sur 15 cm.

FOURNITURES
Verre :
- Bleu-vert opalescent, 35,5 cm sur 18 cm
- Miroir, 0,25 cm d'épaisseur, 10 cm sur 15 cm

Autres fournitures :
- Ruban de cuivre de 0,25 cm de large
- Ruban métallique *New Wave* de 0,25 cm de large
- Brasure de 60/40
- Flux
- 2 pentures miniatures
- 15 cm de chaînette argentée
- 3 ou 4 coquillages

Outils :
- Outils et fournitures de base (cf. la liste en page 41)
- Machine à couper en bandes
- Pinces à bec demi-rond

Suite à la page 106.

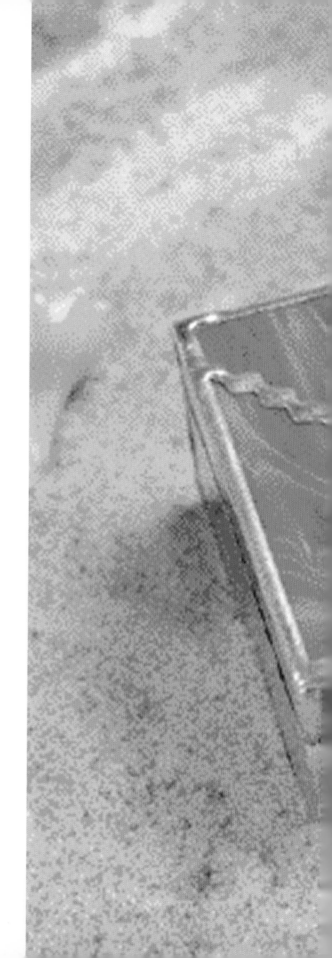

Suite de la page 104.

ÉTAPE PAR ÉTAPE

Taillez et assemblez:

Cf. « Indications sur la fabrication des coffrets » avant de procéder à la taille du verre.

1. Équarrissez le morceau de verre de sorte que les quatre angles fassent 90 degrés. Vérifiez que les bords sont lisses et droits.

2. Marquez le sens du grain du verre à l'aide d'un feutre.

3. Réglez la machine afin de tailler des bandes de 5 cm. Taillez une bande de 5 cm sur 15 cm qui fera la façade du coffret. Taillez une bande de 10 cm sur 15 cm qui fera le dessus. Réglez de nouveau la machine afin de tailler trois bandes de 5 cm sur 15 cm qui feront l'arrière et les côtés.

4. Pour fabriquer les éléments les plus courts du coffret, taillez les côtés (ceux qui portent les lettres DF et FF dans les Indications sur la fabrication des coffrets) sur une longueur de 10,5 cm. Pour ce faire, employez la machine à couper en bandes ou taillez-les à la main.

5. Vous voilà prêts à séparer les pièces de la partie inférieure de la boîte (FI, FA, FFA, et FFB) de celles qui formeront la partie supérieure (FS, AS, DFA, et DFB). Réglez la machine afin de couper des bandes de 4,5 cm de large. Suivez l'esquisse et vérifiez bien le grain du verre avant de le tailler.

6. Afin de tailler le dessus en deux, tracez une courbe qui le traverse de part en part. À l'aide du coupe-verre, taillez le long de ce trait.

7. Disposez les morceaux de verre comme on le montre dans les Indications sur la fabrication des coffrets. Poncez les bords de chacun des morceaux afin d'effectuer l'ajustement qui s'impose. Les bords de chaque élément doivent être droits et lisses.

Appliquez le ruban métallique et soudez:

1. Entourez de ruban de cuivre chacun des côtés, les façades et les arrières supérieur et inférieur.

2. Suivez les Indications sur la fabrication des coffrets afin d'assembler ces pièces et soudez-les par points.

3. Afin d'assembler le dessus du coffret, vérifiez que les bords sont lisses et appliquez un ruban métallique de 0,25 cm sur les bords extérieurs et un ruban *New Wave* sur le bord courbe intérieur. Vérifiez que le dessus cadre bien avec la partie supérieure des faces latérales.

4. Faites couler un fin colombin de brasure sur toutes les lignes intérieures formées par le ruban de cuivre. Il n'est pas utile de souder les bordures extérieures. Retournez le couvercle et soudez son envers.

5. Afin d'assembler le fond du coffret, entourez le miroir de papier métallique et posez-le sur votre planche de travail, la surface réfléchissante dirigée vers vous. Posez la partie inférieure autour du miroir. Le miroir devrait se loger sans difficulté à l'intérieur du coffret. Soudez par points les angles du miroir à ceux du coffret. Retournez le coffret et faites couler une brasure lisse sur le pourtour du fond, puis faites de même sur les lignes de soudure à l'intérieur du coffret.

Fixez les pentures:

1. Assemblez les parties supérieure et inférieure du coffret. Vérifiez qu'elles cadrent exactement. Assujettissez-les à l'aide de deux bandes élastiques qui les retiendront pendant que vous souderez les pentures.

2. Posez les pentures à l'arrière du coffret. Tenez-les à l'aide de pinces à bec demi-rond. À l'aide d'un coton-tige ou d'un pinceau fin, appliquez du flux sur le bord des pentures. Un conseil: usez du flux avec parcimonie car autrement la brasure coulerait dans les pentures et en obstruerait le mécanisme. La brasure n'a aucune prise sur les surfaces exemptes de flux.

Finition:

1. Soudez les lignes extérieures de la façade et de l'arrière du coffret.

2. Soudez un bout de chaînette à l'intérieur du coffret pour éviter que le couvercle ne tombe derrière lorsque vous l'ouvrirez.

3. Appliquez du ruban de cuivre sur le bord des coquillages. Placez-les sur la ligne de soudure sur le dessus du coffret. Soudez-les par points sur la ligne courbe.

4. Nettoyez le coffret avec de l'eau et du savon.

CADRE ET COFFRET DE VERRE CONFETTI

Représentés en page 109.

Un cadre et un coffret coordonnés font un formidable duo sur le dessus d'une crédence ou d'une coiffeuse. Les indications sont livrées en fonction de l'emploi d'une machine à couper en bandes. Si vous n'employez pas cet appareil, servez-vous d'une règle et d'un coupe-verre.

Coffret de verre confetti

Dimensions: le cadre pourra recevoir une photo faisant 10 cm sur 15 cm; le coffret fait 10 cm sur 15 cm.

FOURNITURES

Verre:
- Verre confetti, 35,5 cm sur 18 cm
- 1 triangle de verre biseauté, 7,5 cm
- Miroir, 0,25 cm d'épaisseur, 10 cm sur 15 cm

Autres fournitures:
- Ruban de cuivre de 0,25 cm à l'envers argent
- Brasure de 60/40
- Flux
- 2 pentures à coffret
- 15 cm de chaînette d'argent ou de cuivre
- Facultatif: 4 petits appuis ronds en laiton

Outils:
- Outils et fournitures de base (cf. la liste en page 41)
- Machine à couper en bandes
- Pinces à bec demi-rond

ÉTAPE PAR ÉTAPE

Taillez et assemblez:

Cf. «Indications sur la fabrication des coffrets».

1. Équarrissez le morceau de verre de sorte que les quatre angles fassent 90 degrés. Vérifiez que les bords sont lisses et droits.

2. Marquez le sens du grain du verre à l'aide d'un feutre.

3. Réglez la machine afin de tailler des bandes de 5 cm. Taillez une bande de 5 cm sur 15 cm qui fera la façade du coffret. Taillez une bande de 10 cm sur 15 cm qui fera le dessus. Réglez de nouveau la machine afin de tailler trois bandes de 5 cm sur 15 cm qui feront l'arrière et les côtés.

4. Pour fabriquer les éléments les plus courts du coffret, taillez les côtés (ceux qui portent les lettres DF et FF) dans les Indications sur la fabrication des coffrets sur une longueur de 10,5 cm. Pour ce faire, employez la machine à couper en bandes ou taillez-les à la main.

5. Vous voilà prêt à séparer les pièces de la partie inférieure de la boîte (FI, FA, FFA, et FFB) de celles qui formeront la partie supérieure (FS, AS, DFA, et DFB). Réglez la machine afin de couper des bandes de 4,5 cm de large. Suivez l'esquisse et vérifiez bien le grain du verre avant de le tailler.

6. Afin que le dessus puisse recevoir le morceau triangulaire, taillez-le d'abord en deux dans le sens de la longueur. Disposez les deux morceaux côte à côte sur votre planche de travail. Posez le morceau triangulaire sur le dessus, une pointe du triangle sur la ligne de taille. Gravez un trait sur le verre en suivant la forme du triangle. Taillez chaque morceau de verre en suivant le trait.

7. Disposez les morceaux de verre comme on le montre dans les Indications sur la fabrication des coffrets. Poncez les bords de chaque morceau afin d'effectuer l'ajustement qui s'impose. Les bords de chaque élément doivent être droits et lisses.

Appliquez le ruban métallique et soudez:

1. Entourez de ruban de cuivre chacun des côtés, les façades et les arrières supérieur et inférieur.

2. Suivez les indications sur la fabrication des coffrets afin d'assembler ces pièces, et soudez-les par points.

3. Entourez de ruban métallique les trois éléments formant le dessus du coffret et soudez-les. Vérifiez que le dessus cadre bien avec la partie supérieure des faces latérales.

4. Faites couler un fin colombin de brasure sur toutes les lignes intérieures formées par le ruban de cuivre. (Il n'est pas utile de souder les bordures extérieures.) Retournez le couvercle et soudez son envers.

5. Afin d'assembler le fond du coffret, entourez le miroir de ruban métallique et posez-le sur votre plan de travail, la surface réfléchissante dirigée vers vous. Posez la partie inférieure autour du miroir. Le miroir devrait se loger sans difficulté à l'intérieur du coffret. Soudez par points les angles du miroir à ceux du coffret.

Retournez le coffret et faites coule une brasure lisse sur le pourtour du fond, puis faites de même sur les lignes de soudure à l'intérieur du coffret.

Fixez les pentures:

1. Assemblez les parties supérieure et inférieure du coffret. Vérifiez qu'elles cadrent exactement. Assujettissez-les à l'aide de deux bandes élastiques qui les retiendront pendant que vous souderez les pentures.

2. Posez les pentures à l'arrière du coffret. Tenez-les à l'aide de pinces à bec demi-rond. À l'aide d'un coton-tige, appliquez du flux sur le bord des pentures. Un conseil: usez du flux avec parcimonie car autrement la brasure coulerait dans les pentures et en obstruerait le mécanisme. La brasure n'a aucune prise sur les surfaces exemptes de flux.

Finition:

1. Soudez les lignes extérieures de la façade et de l'arrière du coffret.

2. Soudez un bout de chaînette à l'intérieur du coffret pour éviter que le couvercle ne tombe derrière lorsque vous l'ouvrirez.

3. Facultatif: retournez le coffret et soudez les appuis de laiton à ses quatre angles.

4. Nettoyez le coffret avec de l'eau et du savon.

Cadre de verre confetti

Ce projet est si facile à réaliser que vous n'aurez pas besoin de modèle. Vous pouvez tailler les bandes de verre à l'aide d'une machine ou d'un coupe-verre. Ce cadre recevra une photo de 10 cm sur 15 cm mais vous pouvez en modifier les proportions selon les photos de votre choix.

FOURNITURES
Verre:
- Verre confetti, 12,5 cm sur 18 cm
- 2 morceaux de verre biseauté, triangulaires, 8 cm^2
- Verre transparent, 10 cm sur 15 cm

Autres fournitures:
- Ruban de cuivre de 0,5 cm dont l'envers est argent
- Brasure de 60/40
- Flux
- 45,7 cm de languette rainurée en zinc de 0,25 cm
- Carton mince

Outils:
- Outils et fournitures de base (cf. la liste en page 41)
- Encocheur
- Bloc de bois

ÉTAPE PAR ÉTAPE
Taillez et assemblez:
1. Taillez deux bandes de 2,5 cm sur 12,5 cm et 2,5 cm sur 18 cm.

2. En vous servant d'une photo comme gabarit, étalez les morceaux de verre taillés. Poncez les bords de chaque morceau de verre pour qu'ils soient lisses.

Appliquez le ruban métallique:
1. Entourez chaque morceau de verre de ruban de cuivre.

2. Posez les morceaux de verre sur votre planche de travail et assujettissez-les à l'aide de punaises ou de bandes de bois.

3. Fixez chaque morceau à l'aide d'un point de soudure.

4. Faites couler un fin colombin de brasure sur les lignes de soudure intérieures. Soudez ensuite les bordures extérieures.

5. Retournez le cadre et soudez son envers. Ici, la brasure doit être lisse; ne déposez pas de colombin comme vous l'avez fait sur l'endroit.

Finition:
1. Mesurez la languette rainurée et entaillez-la à l'aide d'un encocheur pour qu'elle entoure les côtés et le bas de la plaque de verre. À l'aide de ruban adhésif, assujettissez-la au verso du cadre. Soudez les quatre angles pour la fixer au cadre.

2. Afin de fabriquer l'appui, posez le panneau à la verticale en l'appuyant sur des blocs de bois ou des boîtes de conserve remplies de sable qui le retiendront. Posez un morceau de verre biseauté à la perpendiculaire par rapport au côté du cadre et soudez-le. Faites de même de l'autre côté avec l'autre morceau de verre biseauté.

3. Nettoyez le panneau avec de l'eau et du savon. Faites-le sécher.

4. Découpez un morceau de carton en guise de renfort à votre photo.

COFFRET AU NÉNUPHAR

Vous pouvez fabriquer toutes sortes de jolis coffrets en variant la forme des feuilles, des pétales et leur disposition. Les éléments formant la base du coffret peuvent être entourés de languette de zinc ou de ruban de cuivre. Les indications de la taille de la base du coffret sont livrées en fonction de l'emploi d'une machine à couper en bandes. Si vous n'employez pas cet appareil, servez-vous d'une règle et d'un coupe-verre.

Dimensions : 12,5 cm sur 23 cm.

FOURNITURES

Verre :
- Bleu, ondulé, irisé, 15,5 cm^2 (pour les faces latérales)
- Vert opalescent, 25,5 cm^2 (pour les feuilles)
- Rose opalescent, 20,5 cm^2 (pour la fleur)
- Miroir, 0,25 d'épaisseur, 15,5 cm sur 8 cm (pour l'intérieur de la base)

Autres fournitures :
- 1,85 cm de languette rainurée en zinc de 0,25 cm
- Ruban cuivré de 0,25 cm
- Brasure de 60/40
- Flux
- 2 pentures miniatures
- Patine noire
- Patine cuivrée

Outils :
- Outils et fournitures de base (cf. la liste en page 41)
- Machine à couper en bandes
- Encocheur

ÉTAPE PAR ÉTAPE

Taillez les éléments de la base :

Cf. « Indications sur la fabrication des coffrets » avant de tailler le verre.

1. Équarrissez le morceau de verre de sorte que les quatre angles fassent 90 degrés. Vérifiez que les bords sont lisses et droits.

2. Réglez la machine afin de tailler deux bandes de 14 cm sur 4 cm qui feront la façade et l'arrière du coffret ainsi que deux bandes de 7,5 cm sur 4 cm qui feront les côtés.

Préparez et taillez le dessus :

1. Prévoyez deux copies du modèle. Numérotez et inscrivez un code de couleur sur chacune. À l'aide de ciseaux pour modèles, découpez les gabarits à partir d'une copie codée.

Suite à la page 112.

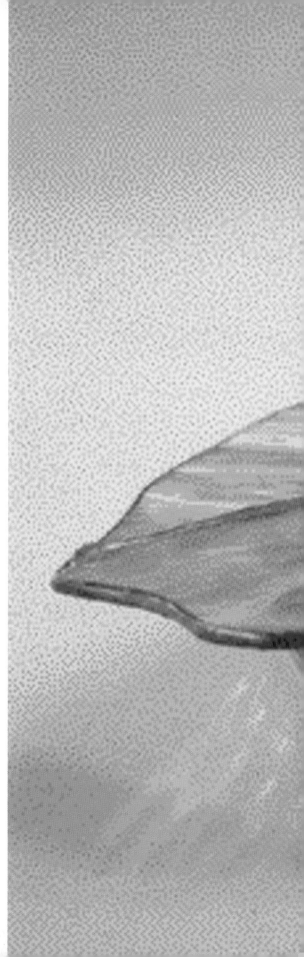

Suite de la page 110.

2. Faites adhérer les gabarits aux morceaux de verre et taillez les huit éléments qui constitueront le dessus plat ainsi que cinq grands pétales, sept pétales moyens et trois petits pétales.

3. Poncez les bords de chacun des morceaux de verre pour qu'ils s'ajustent bien. Nettoyez le pourtour de chaque morceau.

4. Punaisez la seconde copie du modèle à votre planche de travail. Assemblez les morceaux de verre sur le modèle. Employez la meuleuse afin d'ajuster les morceaux ou d'en poncer les bords. Chaque morceau de verre doit correspondre au modèle.

Appliquez le ruban métallique :

1. Entourez de ruban de cuivre chaque morceau de verre constituant le dessus du coffret.

2. Punaisez les huit éléments qui constituent la surface plane du couvercle. Soudez-les par points. Mettez les pétales de côté.

3. Faites couler une brasure lisse sur toutes les lignes de soudure. Retournez le couvercle et soudez l'envers.

Posez la languette et soudez la base :

1. Mesurez et taillez la languette de zinc pour qu'elle entoure les quatre éléments qui formeront la base du coffret. Entourez de languette chaque morceau de verre.

2. Soudez chaque languette aux joints. (Vous avez à présent les quatre faces latérales du coffret bordées de zinc.)

3. Assemblez le fond selon la figure 1. Soudez les éléments par points.

4. Vérifiez que le miroir loge entre les faces latérales. Retirez le miroir. Entourez-le de languette de zinc, reposez-le entre les faces latérales et soudez-le en place.

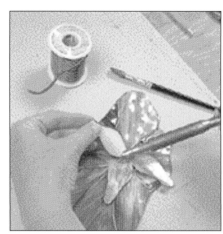

Assemblage des pétales de nénuphar.

Fixez les pentures :

1. Posez le couvercle sur la base du coffret. Indiquez de deux marques à l'arrière du coffret et sous le couvercle les endroits où les pentures seront fixées (cf. le modèle). Enlevez le couvercle et posez-le à l'envers sur votre planche de travail.

2. Posez les pentures sur les marques sous le couvercle. Tenez-les à l'aide de pinces à bout demi-rond. À l'aide d'un coton-tige ou d'un pinceau fin, appliquez du flux sur le bord des pentures. Un conseil : usez du flux avec parcimonie car autrement la brasure coulerait dans les pentures et en obstruerait le mécanisme. La brasure n'a aucune prise sur les surfaces exemptes de flux.

3. Reposez le couvercle sur la base. Vérifiez bien l'emplacement des pentures. Assujettissez le couvercle et la base à l'aide de deux bandes élastiques. Soudez les pentures à la base du coffret. Enlevez les bandes élastiques.

Fixez les nénuphars :

1. Appliquez du flux sur le pourtour des pétales et enduisez-les de brasure.

2. Posez les cinq grands pétales bordés de ruban métallique sur le couvercle de manière à former un nénuphar. Cf. la photo. Soudez-les par points là où les bordures métalliques touchent le couvercle. Déposez davantage de brasure au cœur du nénuphar. Posez un à un les pétales moyens, puis les petits.

3. Pour fabriquer le centre du nénuphar, découpez de petits morceaux de ruban métallique. Étamez-les en leur appliquant du flux et en les enduisant d'une épaisse couche de brasure. Soudez-les par points.

4. Nettoyez le coffret avec de l'eau et du savon. Laissez-le sécher.

5. Appliquez une patine noire sur les lignes formées par le ruban métallique et une patine cuivrée sur la languette de zinc en observant le mode d'emploi du fabricant. (La patine cuivrée fait noircir la languette de zinc.)

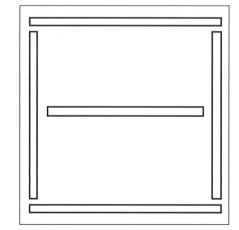

Figure 1 – Assemblage du fond du coffret.

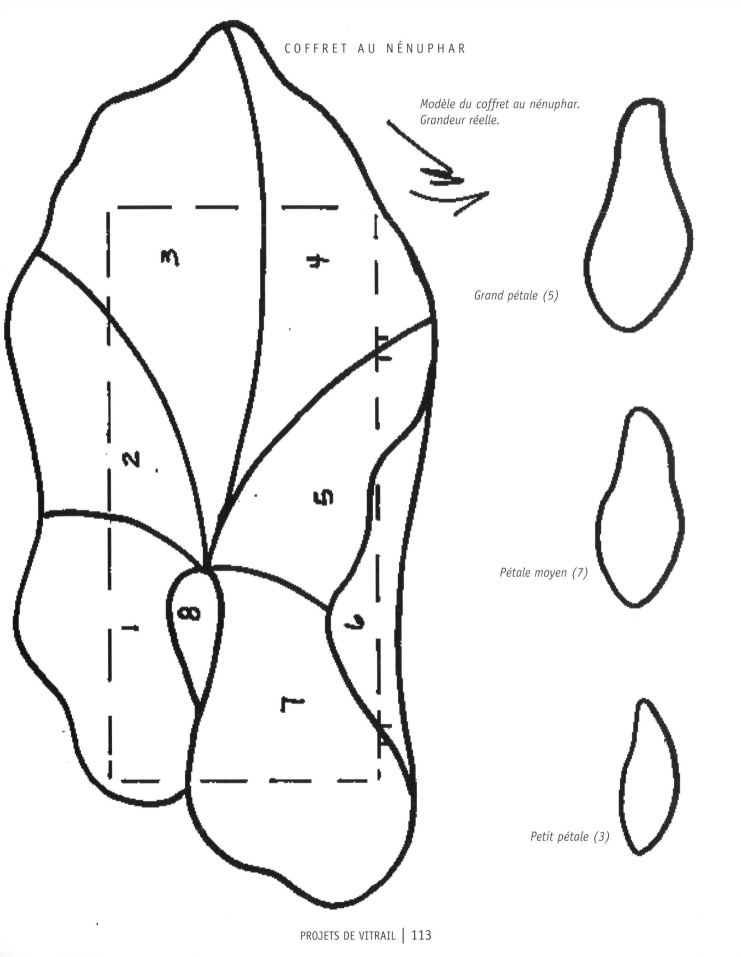

COFFRET AU NÉNUPHAR

*Modèle du coffret au nénuphar.
Grandeur réelle.*

Grand pétale (5)

Pétale moyen (7)

Petit pétale (3)

COFFRET À TIROIRS

Ce coffret loge deux tiroirs. Il s'agit en fait d'une boîte qui en contient deux autres. La décoration qui le coiffe est en réalité un élément distinct que l'on soude à l'arrière du coffret assemblé. Nous avons reproduit le modèle de cet élément décoratif. Vous taillerez les autres éléments à l'aide d'une machine à couper par bandes.

Dimensions : 10,5 cm de profondeur sur 18 cm de haut sur 10,5 cm de large.

FOURNITURES
Verre :
- Bleu opalescent, 41 cm²
- Vert opalescent, 8 cm²
- Jaune opalescent, 8 cm²

Autres fournitures :
- Ruban de cuivre de 0,25 cm
- 4 billes de laiton de 0,2 cm (pour les pieds)
- 2 billes de laiton de 0,25 cm de diamètre (pour les boutons des tiroirs)
- Brasure de 60/40
- Flux
- Patine noire

Outils :
- Outils et fournitures de base (cf. la liste en page 41)
- Machine à couper en bandes

ÉTAPE PAR ÉTAPE
Préparez, taillez et assemblez l'arrière :

1. Prévoyez deux copies du modèle. Numérotez et inscrivez un code de couleur sur chacune. À l'aide de ciseaux pour modèles, découpez les gabarits à partir d'une copie codée. Faites adhérer les gabarits aux morceaux de verre et taillez-les.

2. Poncez les bords de chacun des morceaux de verre pour qu'ils s'ajustent bien. Nettoyez le pourtour de chaque morceau.

3. Punaisez la seconde copie du modèle à votre planche de travail. Assemblez les morceaux de verre sur le modèle. Employez la meuleuse afin d'ajuster les morceaux ou d'en poncer les bords. Chaque morceau de verre doit correspondre au modèle.

Appliquez le ruban métallique et soudez :

1. Entourez de ruban de cuivre chaque morceau de verre formant l'arrière du coffret.

2. Punaisez les morceaux à votre planche de travail.

3. Soudez par points les morceaux afin de les maintenir en place.

4. Soudez les morceaux en laissant couler une belle brasure lisse entre les bordures de cuivre intérieures et extérieures. Les lignes de soudure du pourtour doivent être lisses afin que les faces latérales s'ajustent comme il se doit.

5. Retournez l'ensemble et soudez l'arrière.

Taillez le coffret et les tiroirs :

Pour une utilisation optimale du verre, planifiez avant de procéder à la taille. Vérifiez que le morceau de verre est bien équarri et que ses bords sont droits. Taillez les éléments suivants :

Pour la boîte :
- 2 morceaux de 11 cm sur 10 cm (dessus et dessous du coffret)
- 2 morceaux de 10 cm² (faces latérales)
- 1 morceau de 10 cm sur 10,25 cm (tablette)

Pour les tiroirs :
- 4 morceaux de 4,5 cm sur 9,5 cm (côtés)
- 4 morceaux de 4,5 cm sur 10 cm (façades et arrières)
- 2 morceaux de 9,5 cm sur 9 cm (fonds)

Assemblez le coffret et les tiroirs :

1. Poncez les bords des différents éléments afin qu'ils soient lisses. Vérifiez que chaque morceau est bien équarri et que ses bords sont droits.

2. Bordez chaque morceau de ruban de cuivre.

3. Assemblez le coffret comme on le voit à la figure 1. Soudez-le par points.

4. Assemblez les tiroirs comme on le voit à la figure 2. Soudez-les par points.

Suite à la page 116

Suite de la page 115

5. Posez la tablette à l'intérieur, à 5 cm sous le dessus du coffret. Soudez-la par points sur le devant et aux angles arrière.

6. Vérifiez que les tiroirs logent dans l'espace prévu à cet effet. Procédez à un ajustement, le cas échéant, de sorte que les tiroirs coulissent sans heurt. Lorsque les éléments cadrent bien, soudez toutes les bordures de cuivre. La brasure doit être lisse et plate, à

défaut de quoi elle gênerait l'ouverture des tiroirs.

7. Soudez les pieds aux quatre angles du dessous.

8. Soudez les boutons sur les façades des tiroirs.

Finition:

1. Posez l'élément décoratif contre l'arrière du coffret et soudez les lignes formées sur les côtés et au bas.

2. Nettoyez le coffret avec de l'eau et du savon.

3. Appliquez une patine en observant le mode d'emploi du fabricant.

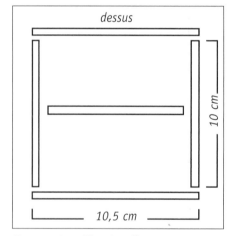

Figure 1 – Assemblage du coffret.

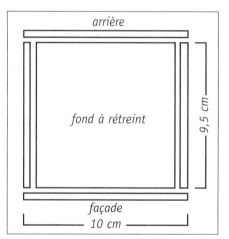

Figure 2 – Assemblage des tiroirs.

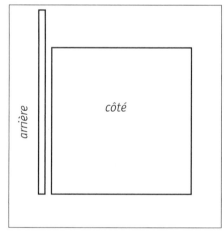

Figure 3 – Fixation de l'élément décoratif à l'arrière du coffret.

*Modèle de l'élément décoratif
du coffret à tiroirs.
Grandeur réelle.*

LA CRÉATION D'UNE MOSAÏQUE DE VERRE

À la contemplation d'une mosaïque, on peut penser que son exécution est compliquée mais les techniques de cet art sont relativement simples à maîtriser. Bien que la céramique soit devenue le matériau dont on se sert le plus souvent pour réaliser une mosaïque, à l'origine on employait des fragments de verre. Les projets réunis dans cet ouvrage sont réalisés en taillant le verre selon des motifs dont les gabarits sont fournis. Une fois découpés, on colle les dessins à une surface et on emplit les zones les entourant de pépites de verre. L'ensemble est ensuite cimenté à l'aide d'un coulis.

Réaliser une mosaïque est un excellent moyen de récupérer les chutes de verre. Cette technique est d'autant plus facile qu'elle ne requiert aucune soudure.

Afin de réaliser une mosaïque de verre, vous aurez besoin du matériel suivant:

- Du **verre opalescent** comme celui employé pour les autres projets présentés ici.
- Une **surface** qui servira de base, par exemple une planche de bois ou de la terre cuite.
- Un **adhésif**, par exemple de la colle blanche ou du silicone, qui retiendra les fragments de verre.
- Du **coulis** afin d'emplir les zones entre les fragments de verre, de créer une surface lisse et de fortifier la mosaïque.
- Du **scellant** à coulis afin de le sceller et le protéger.
- Des **outils** tels que ceux que vous avez employés jusqu'ici, en plus de pinces pour le verre qui serviront à fragmenter les pièces, quelques bâtonnets pour appliquer l'adhésif, un couteau à mastiquer ou une spatule ou un pinceau à poils drus pour appliquer le coulis, une éponge pour nettoyer l'excédent de coulis et quelques chiffons doux pour le polissage.
- Une **trousse de protection**, par exemple un masque antipoussières et des gants de caoutchouc pour manipuler le coulis, et des lunettes de protection pour tailler le verre.

La technique de la mosaïque

1. Taillez les morceaux de verre. Taillez les morceaux de verre en fonction des modèles comme vous le feriez pour un autre projet de vitrail.

2. Collez. Appliquez de la colle sur l'envers de morceaux de verre. Disposez les morceaux de verre taillés sur la surface. Laissez-les sécher. Si vous hésitez sur la disposition des morceaux de verre taillés sur la surface de verre, vous pourriez reporter le modèle sur la surface de verre à l'aide de papier à décalquer. Disposez ensuite les morceaux de verre à partir du modèle ainsi reproduit.

3. Couvrez l'arrière-plan. À l'aide de pinces, rompez de petits fragments de verre avant de couvrir l'arrière-plan. Collez-les.

4. Installez le coulis. Préparez le coulis en observant le mode d'emploi du fabricant. À l'aide d'un pinceau aux poils drus, d'un couteau à mastiquer ou d'une spatule, appliquez le coulis en le pressant entre les interstices formés par les fragments de verre.

5. Essuyez l'excédent. Emplissez un récipient d'eau. Humectez l'éponge et exprimez-en le surplus d'eau. Essuyez la surface de l'objet pour y enlever l'excédent de coulis. Répétez jusqu'à ce que vous aperceviez tous les fragments de verre retenus par le coulis et que la surface de ce dernier soit lisse et de niveau par rapport à la surface de verre. Laissez sécher.

6. Polissez. Pendant que sèche le coulis, la surface du verre se troublera. Polissez le verre à l'aide d'un chiffon sec jusqu'à ce que le verre soit bien brillant.

COFFRET AUX ROSES

Représenté à la page 119.

La forme stylisée de la rose et des feuilles est reproduite sur le dessus du coffret et revient, en dimension réduite, sur les trois côtés. L'espace autour du motif est empli de morceaux de verre noir posés çà et là. Vous pouvez décorer l'intérieur du coffret à l'aide de peinture, d'étoffe ou de papier. Vous pourriez également fixer des feutres adhésifs ou coller une bande de feutre sous le coffret afin de protéger la surface du meuble qui le recevra.

FOURNITURES

Verre:
- Verre opalescent noir, 15 cm² (pour l'arrière-plan)
- Verre opalescent rose, 15 cm² (pour la rose)
- Verre opalescent limette, 15 cm² (pour les feuilles)
- Verre opalescent vert foncé, 15 cm² (pour les feuilles)

Autres fournitures:
- Coffret de bois triangulaire de 18 cm
- Adhésif
- Coulis gris
- Scellant
- 20,5 cm de passepoil ou de ruban
- Papier à report et pointe traceuse

Outils:
- Outils et fournitures de base (cf. la liste en page 41)
- Outils pour la mosaïque (cf. La création d'une mosaïque de verre)

ÉTAPE PAR ÉTAPE

Préparez et taillez:

1. Prévoyez deux copies du modèle du dessus du coffret et quatre copies du modèle des côtés. Numérotez et inscrivez un code de couleur sur chacune. À l'aide de ciseaux pour modèles, découpez les gabarits à partir d'une copie codée.

2. Faites adhérer les gabarits aux morceaux de verre et taillez-les.

3. Poncez les bords de chacun des morceaux de verre pour qu'ils s'ajustent bien. Nettoyez le pourtour de chaque morceau.

4. Faites une marque au centre du dessus du coffret et de chacun des côtés. Collez l'autre copie du modèle sur le coffret et reportez le dessin à sa surface à l'aide du papier à report et d'une pointe traceuse.

Collez les morceaux et découpez l'arrière-plan:

1. Collez les morceaux de verre taillés sur le modèle reporté du dessus et des côtés du coffret.

2. Taillez un morceau ayant la forme d'une ellipse qui servira de bouton de levée. Poncez les bords à l'aide d'une toile d'émeri. Collez le bouton de levée sur la pointe du devant de la boîte, de sorte qu'il excède de 1 cm.

3. À l'aide de pinces pour le verre, taillez de petits triangles (environ 1 cm) de verre noir afin d'emplir l'espace autour des roses.

4. Collez les morceaux formant l'arrière-plan autour du motif de la rose en prévoyant une bordure d'au moins 1 cm sur le pourtour du coffret où reposera le coulis. Laissez-les sécher.

Posez le coulis:

Cf. La création d'une mosaïque de verre. Fermez le couvercle et veillez à ce qu'il reste clos pendant tout le temps que vous appliquerez le coulis.

1. Préparez le coulis selon le mode d'emploi du fabricant.

2. Appliquez le coulis sur le dessus et les côtés du coffret, sur l'ouverture et les pentures. Enlevez l'excédent à l'aide d'une éponge humide.

3. En veillant à ce que le coffret reste clos, enlevez l'excédent de coulis sur les pentures et le long de l'arête arrière à l'aide d'un bâtonnet. Soulevez le couvercle; les bordures devraient être propres et lisses. Laissez sécher le coulis.

Finition:

1. Appliquez un scellant sur le coulis selon le mode d'emploi du fabricant. Laissez-le sécher.

2. Collez un ruban à l'intérieur du coffret pour retenir le couvercle lorsque vous l'ouvrirez.

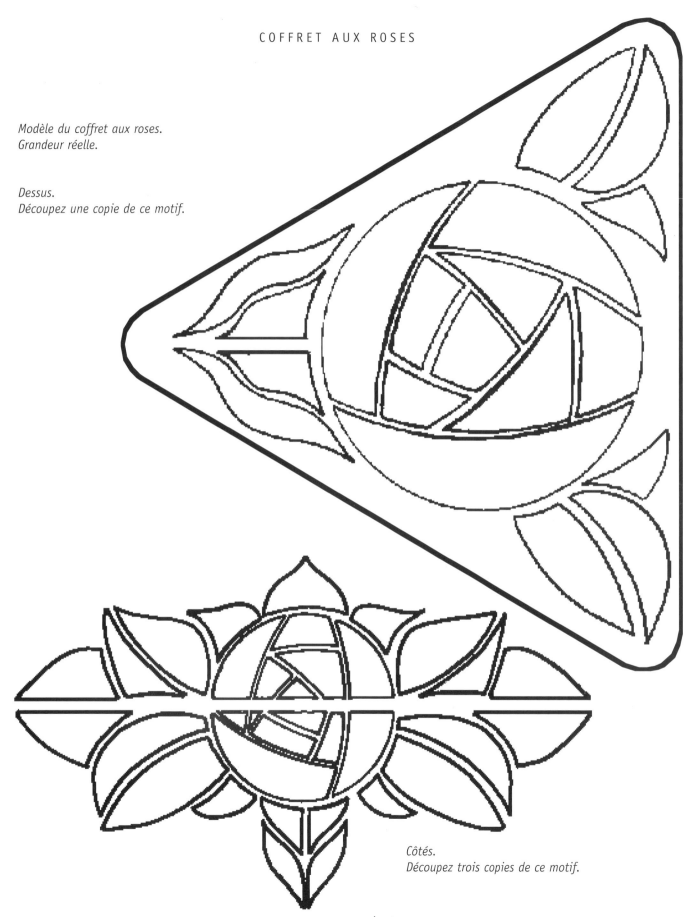

Modèle du coffret aux roses.
Grandeur réelle.

Dessus.
Découpez une copie de ce motif.

Côtés.
Découpez trois copies de ce motif.

COFFRET À LA LIBELLULE

Une jolie libellule est posée sur ce coffret, inspiré par les arts décoratifs, qu'entourent des nénuphars.

FOURNITURES
Verre:
- Verre opalescent noir, 15 cm^2 (pour l'arrière-plan des côtés)
- Verre opalescent rose, 15 cm^2 (pour l'arrière-plan du dessus et les fleurs)
- Verre opalescent limette, 15 cm^2 (pour les ailes et les tiges des fleurs)
- Verre opalescent vert foncé, 15 cm^2 (pour le corps de la libellule)

Autres fournitures:
- Coffret de bois triangulaire de 18 cm
- Adhésif
- Coulis gris
- Scellant
- 20,5 cm de passepoil ou de ruban
- Papier à report et pointe traceuse

Outils:
- Outils et fournitures de base (cf. la liste en page 41)
- Outils pour la mosaïque (cf. La création d'une mosaïque de verre)

ÉTAPE PAR ÉTAPE
Préparez et taillez:
1. Prévoyez deux copies du modèle du dessus du coffret et quatre copies du modèle des côtés. Numérotez et inscrivez un code de couleur sur chacune. À l'aide de ciseaux pour modèles, découpez les gabarits à partir d'une copie codée.

2. Faites adhérer les gabarits aux morceaux de verre et taillez-les.

3. Poncez les bords de chacun des morceaux de verre pour qu'ils s'ajustent bien. Nettoyez le pourtour de chaque morceau.

4. Collez l'autre copie du modèle sur le coffret et reportez le dessin à sa surface à l'aide du papier à report et d'une pointe traceuse.

Collez les morceaux et découpez l'arrière-plan:
1. Collez les morceaux de verre taillés sur le modèle reporté du dessus et des côtés du coffret.

2. Taillez un morceau ayant la forme d'une ellipse qui servira de bouton de levée. Poncez les bords à l'aide d'une toile d'émeri. Collez le bouton de levée sur la pointe du devant de la boîte, de sorte qu'il excède de 1 cm.

3. À l'aide de pinces pour le verre, taillez de petits triangles (environ 1cm) de verre noir afin d'emplir l'espace autour du motif sur les côtés.

4. Collez les morceaux formant l'arrière-plan autour du motif sur les côtés en prévoyant une bordure d'au moins 1 cm sur le pourtour du coffret où reposera le coulis. Laissez-les sécher.

Posez le coulis:
Cf. La création d'une mosaïque de verre. Fermez le couvercle et veillez à ce qu'il reste clos pendant tout le temps que vous appliquerez le coulis.
1. Préparez le coulis selon le mode d'emploi du fabricant.

2. Appliquez le coulis sur le dessus et les côtés du coffret, sur l'ouverture et les pentures. Enlevez l'excédent à l'aide d'une éponge humide.

3. En veillant à ce que le coffret reste clos, enlevez l'excédent de coulis sur les pentures et le long de l'arête arrière à l'aide d'un bâtonnet. Soulevez le couvercle; les bordures devraient être propres et lisses. Laissez sécher le coulis.

Finition:
1. Appliquez un scellant sur le coulis selon le mode d'emploi du fabricant. Laissez-le sécher.

2. Collez un ruban à l'intérieur du coffret pour retenir le couvercle lorsque vous l'ouvrirez.

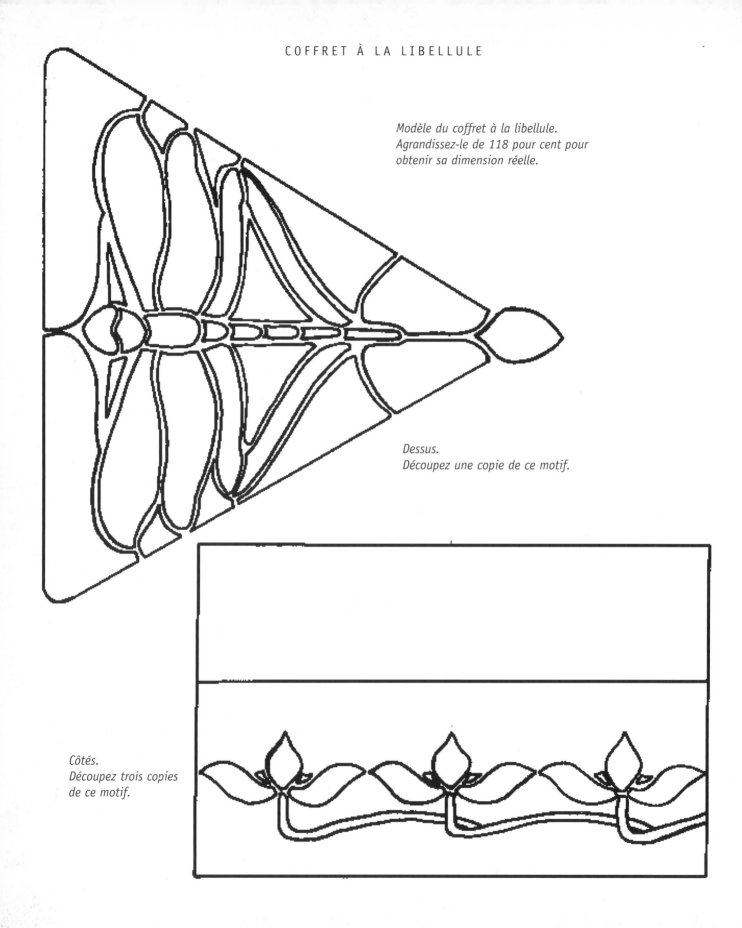

Modèle du coffret à la libellule.
Agrandissez-le de 118 pour cent pour
obtenir sa dimension réelle.

Dessus.
Découpez une copie de ce motif.

Côtés.
Découpez trois copies
de ce motif.

Vasques pour les oiseaux.
Indications à la page 126.

VASQUES POUR LES OISEAUX

Représentées à la page 125.

Les vasques qui recueilleront l'eau dont s'abreuveront les oiseaux sont formées d'assiettes de terre cuite alors que leur base est constituée de pots renversés. La réalisation de ce projet exige relativement peu de temps si vous employez des modèles de roses et de feuilles taillés au préalable comme on en trouve dans les boutiques de matériel d'artiste qui vendent des nécessaires de vitrail. Bien entendu, rien ne vous empêche de tailler vous-même le verre à l'aide des modèles ci-inclus. La patine qui couvre la terre cuite est réalisée à l'aide de peinture à base d'acrylique.

FOURNITURES
Verre:
Pour la vasque la plus grande:
- 3 motifs de rose rouge en verre
- 10 à 12 motifs de feuilles en verre vert
- 76 cm de tige en verre vert taillée en morceaux de 15,25 cm
- Verre opalescent jaune, 30,5 cm^2

Pour la vasque plus petite:
- 1 motif de rose rouge en verre
- 3 motifs de feuilles en verre vert
- Verre opalescent jaune, 30,5 cm^2

Autres fournitures:
- Adhésif
- Coulis gris
- Scellant
- Papier de report et pointe traceuse
- Peinture à base d'acrylique: gris, vert pâle
- Pour la vasque la plus grande: une assiette de terre cuite de 36 cm de diamètre et un pot de terre cuite
- Pour la vasque plus petite: une assiette de terre cuite de 30,5 cm de diamètre et un pot de terre cuite

Outils:
- Outils et fournitures de base (cf. la liste en page 41)
- Outils pour la mosaïque (cf. La création d'une mosaïque de verre)

ÉTAPE PAR ÉTAPE
Préparez et taillez:
1. Prévoyez deux copies du modèle. Numérotez et inscrivez un code de couleur sur chacune. À l'aide de ciseaux pour modèles, découpez les gabarits à partir d'une copie codée.
2. Faites adhérer les éléments du modèle au verre et taillez-les.
3. Poncez les bords de chacun des morceaux de verre pour qu'ils s'ajustent bien. Nettoyez le pourtour de chaque morceau.
4. Posez l'autre copie du modèle sur l'assiette et reportez le dessin à l'aide de papier de report et d'une pointe traceuse.

Si vous employez des motifs de verre taillés au préalable:
Faites une copie du modèle. Posez-la sur l'assiette afin de reporter le dessin à l'aide de papier de report et d'une pointe traceuse.

Collez les motifs et découpez l'arrière-plan:
1. Collez les morceaux de verre taillés ou les motifs taillés au préalable sur le modèle reporté.

2. À l'aide de pinces pour le verre, taillez des morceaux de verre jaune afin d'emplir l'espace autour des roses. Collez-les et laissez-les sécher.

Posez le coulis:
Cf. La création d'une mosaïque de verre.
1. Délayez le coulis selon le mode d'emploi du fabricant.
2. Appliquez le coulis sur la partie inférieure de l'assiette. Nettoyez tout excédent à l'aide d'une éponge humide. Laissez-le sécher.

Finition:
1. Appliquez un scellant sur le coulis selon le mode d'emploi du fabricant. Laissez-le sécher.
2. Humectez l'éponge. Épongez le pourtour et le dessous de l'assiette, de même que la surface extérieure du pot de terre cuite avec la peinture grise, ensuite avec la peinture vert pâle, afin de réaliser un faux vert-de-gris. Laissez sécher la peinture.
3. Posez l'assiette sur le pot renversé, comme sur la photo.